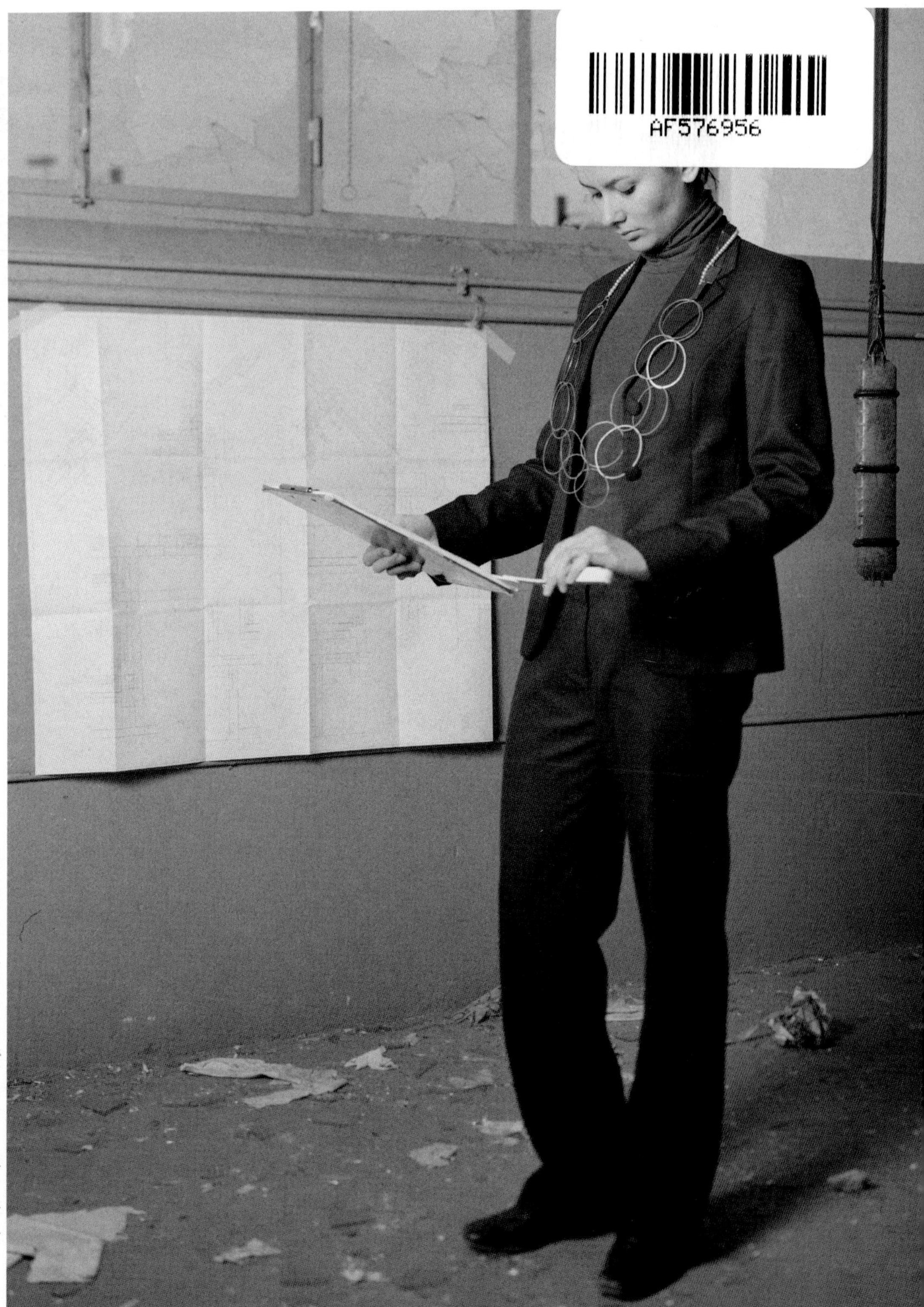

Annelies Planteijdt / p. 60 • photo: Marion Savoy, Caroline Feder, Florine Keller / CEPV

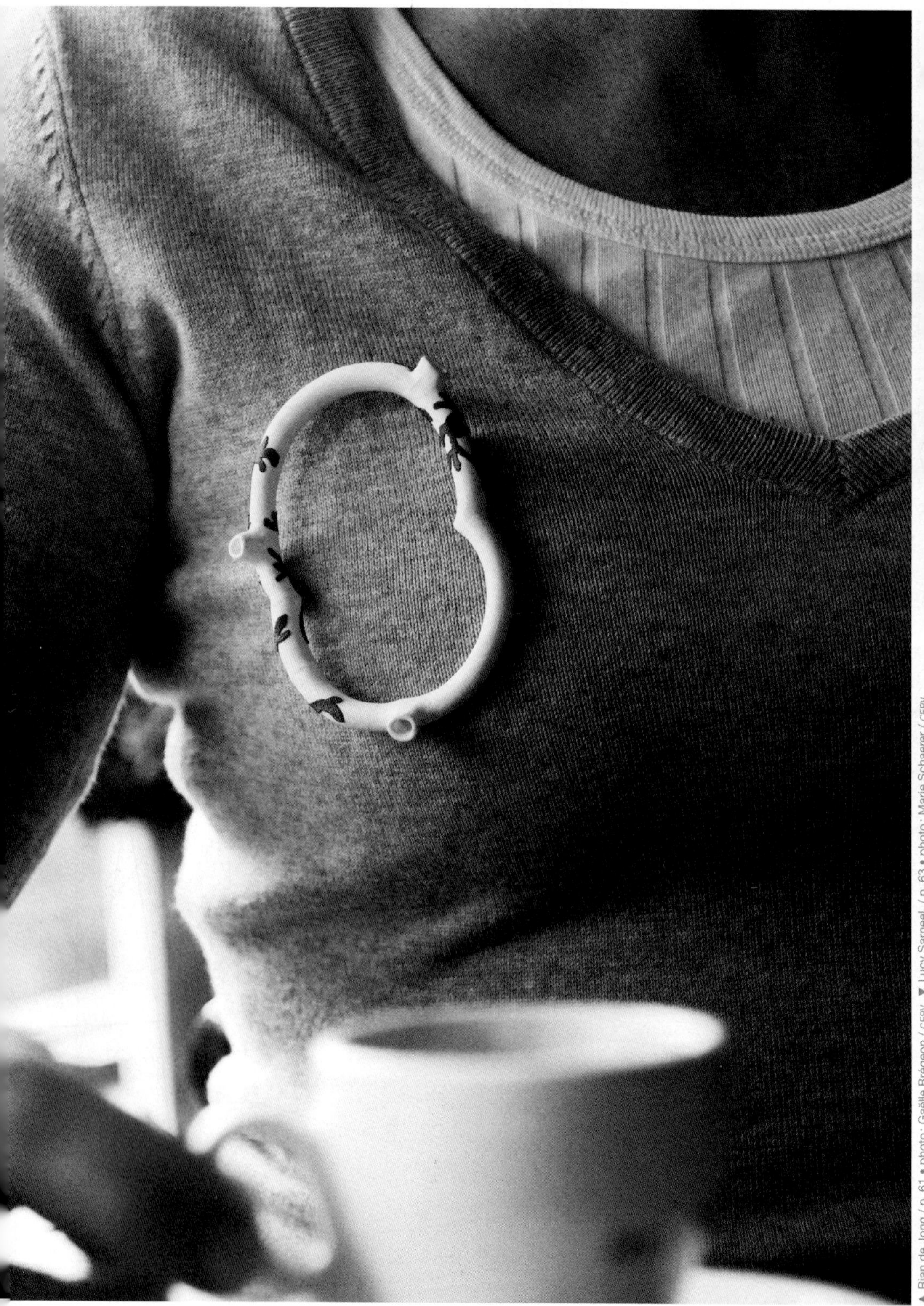

▲ Rian de Jong / p. 61 • photo: Gaëlle Brégeon / CEPV ▼ Lucy Sarneel / p. 63 • photo: Marie Schaerer / CEPV

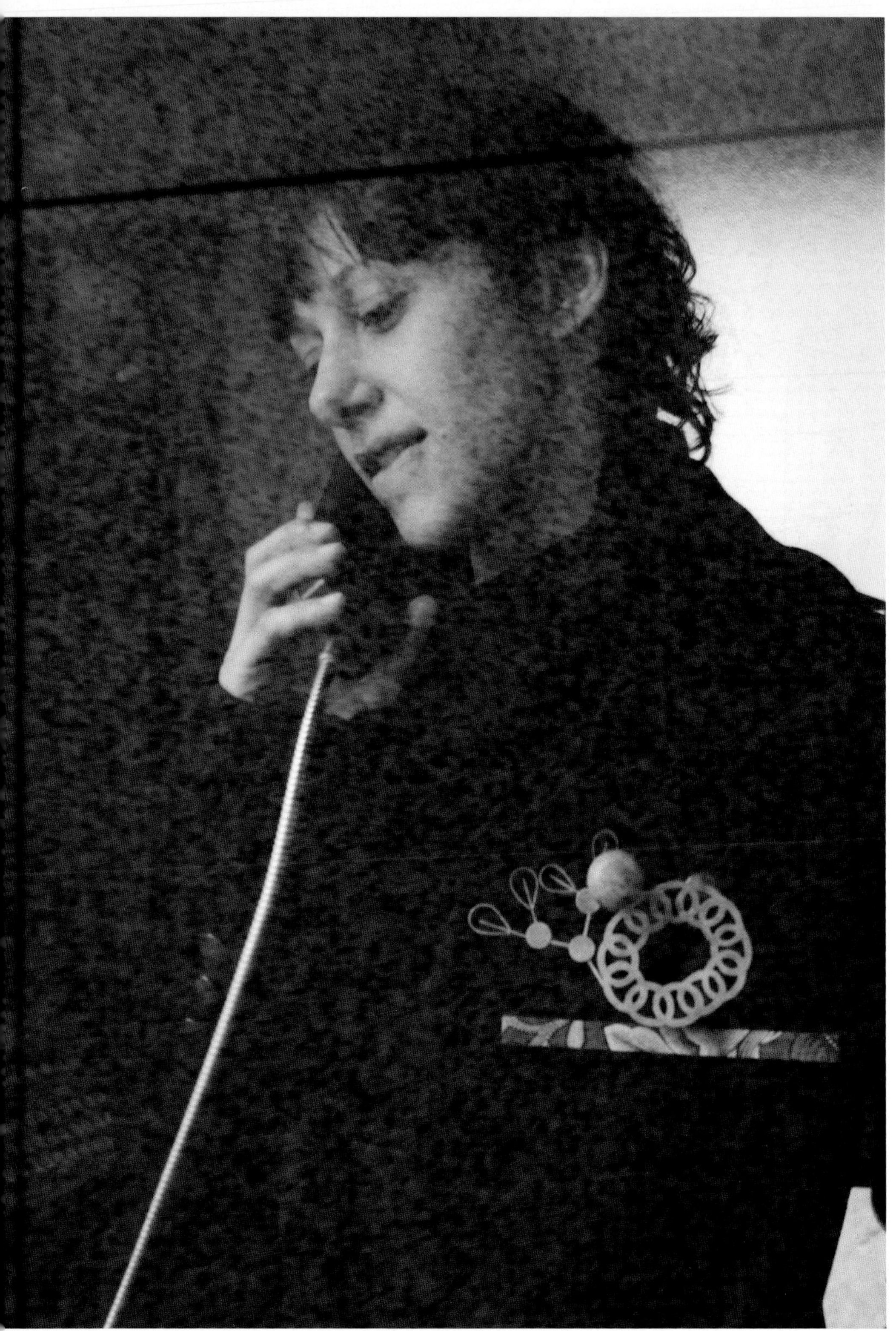

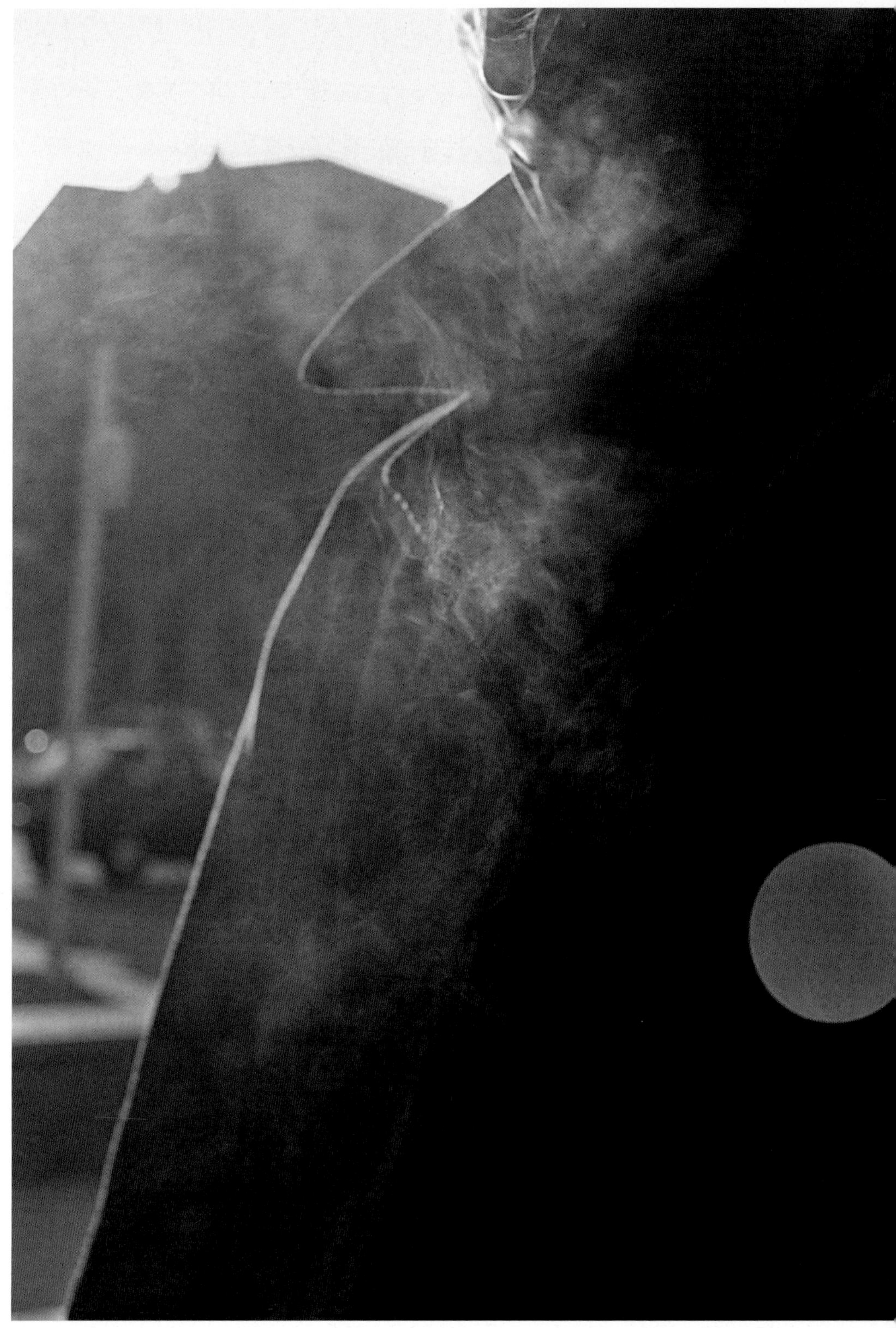

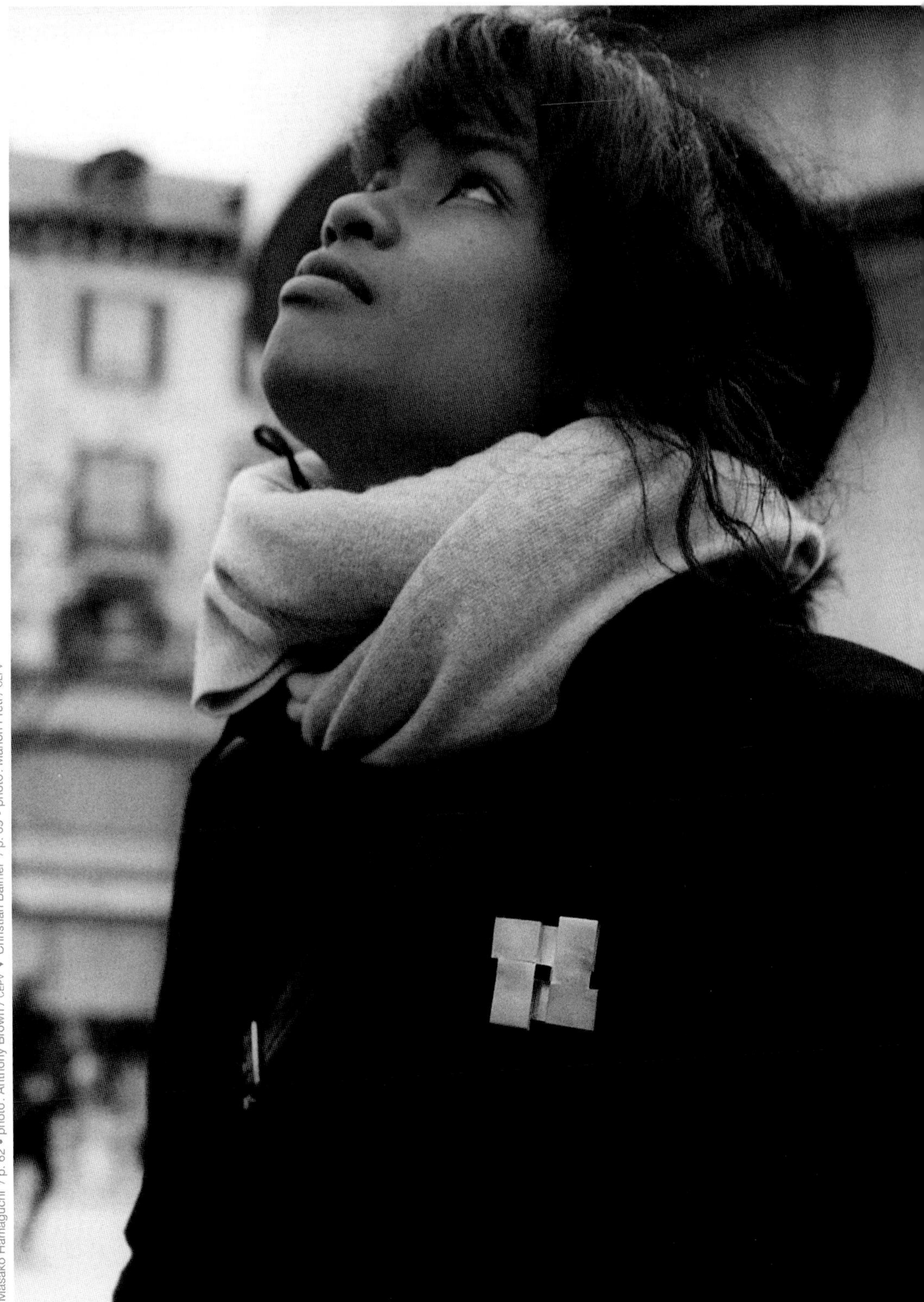

▲Masako Hamaguchi / p. 62 • photo: Anthony Brown / CEPV ▼ Christian Balmer / p. 69 • photo: Manon Preti / CEPV

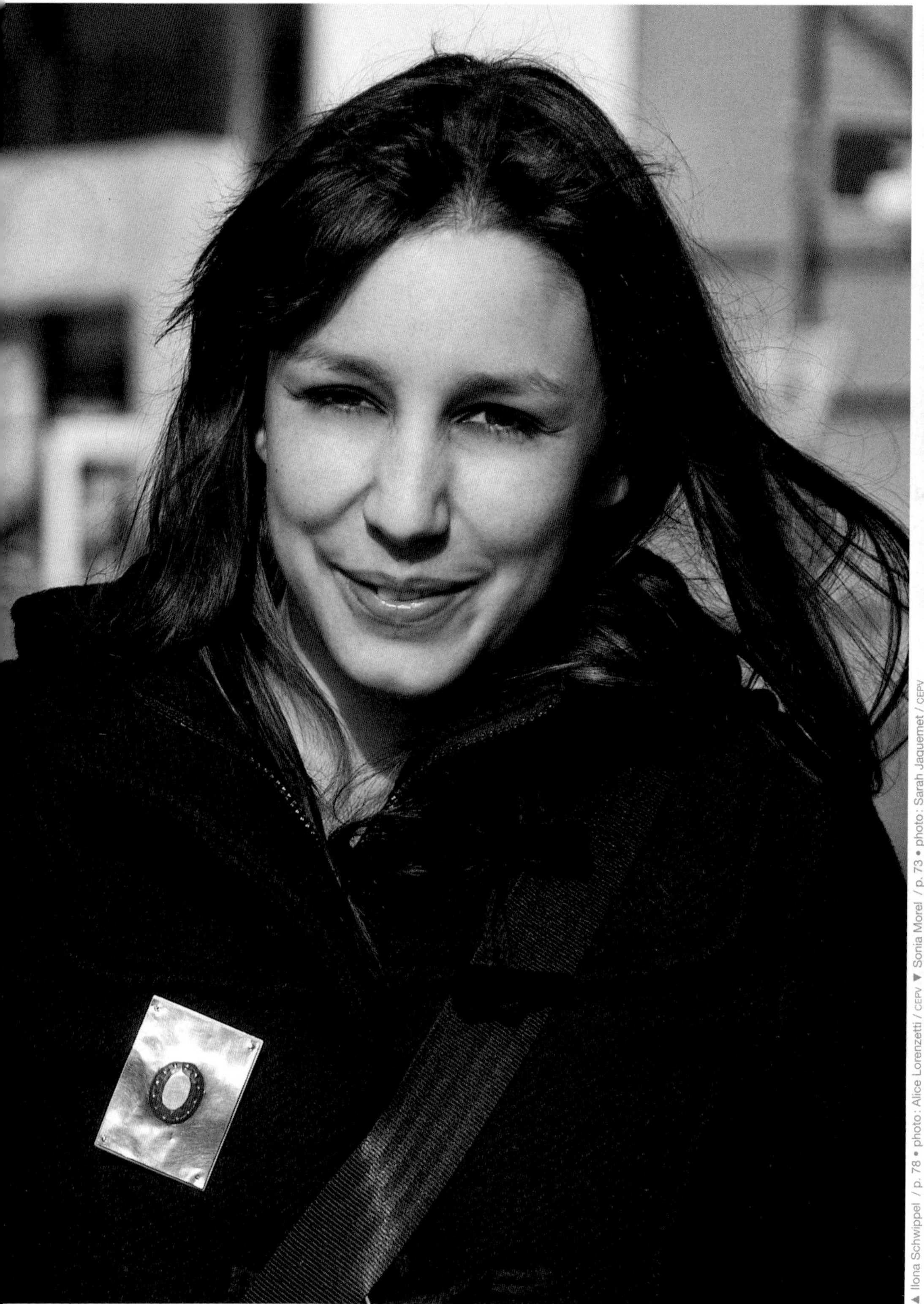

▲ Ilona Schwippel / p. 78 • photo: Alice Lorenzetti / CEPV ▼ Sonia Morel / p. 73 • photo: Sarah Jaquemet / CEPV

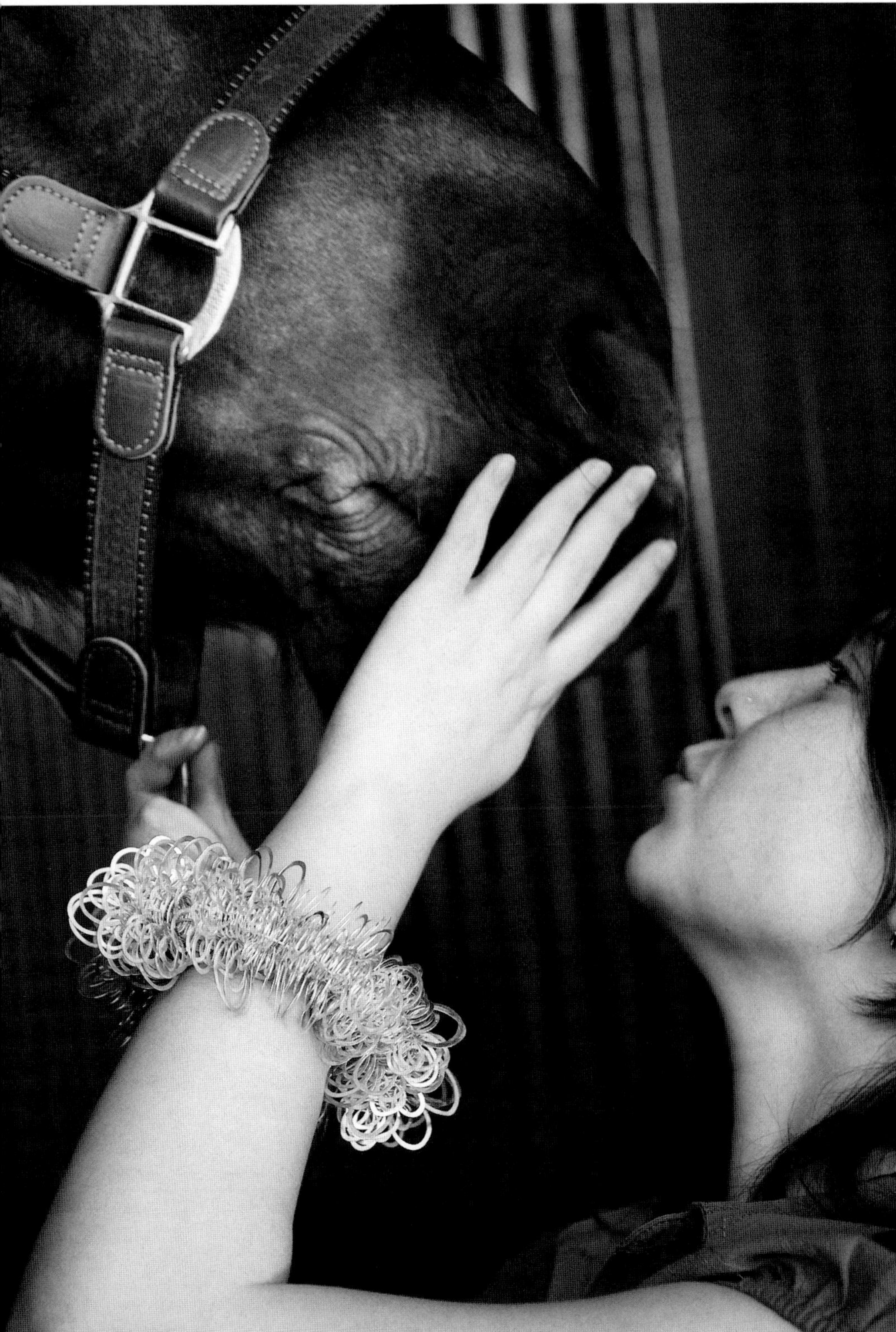

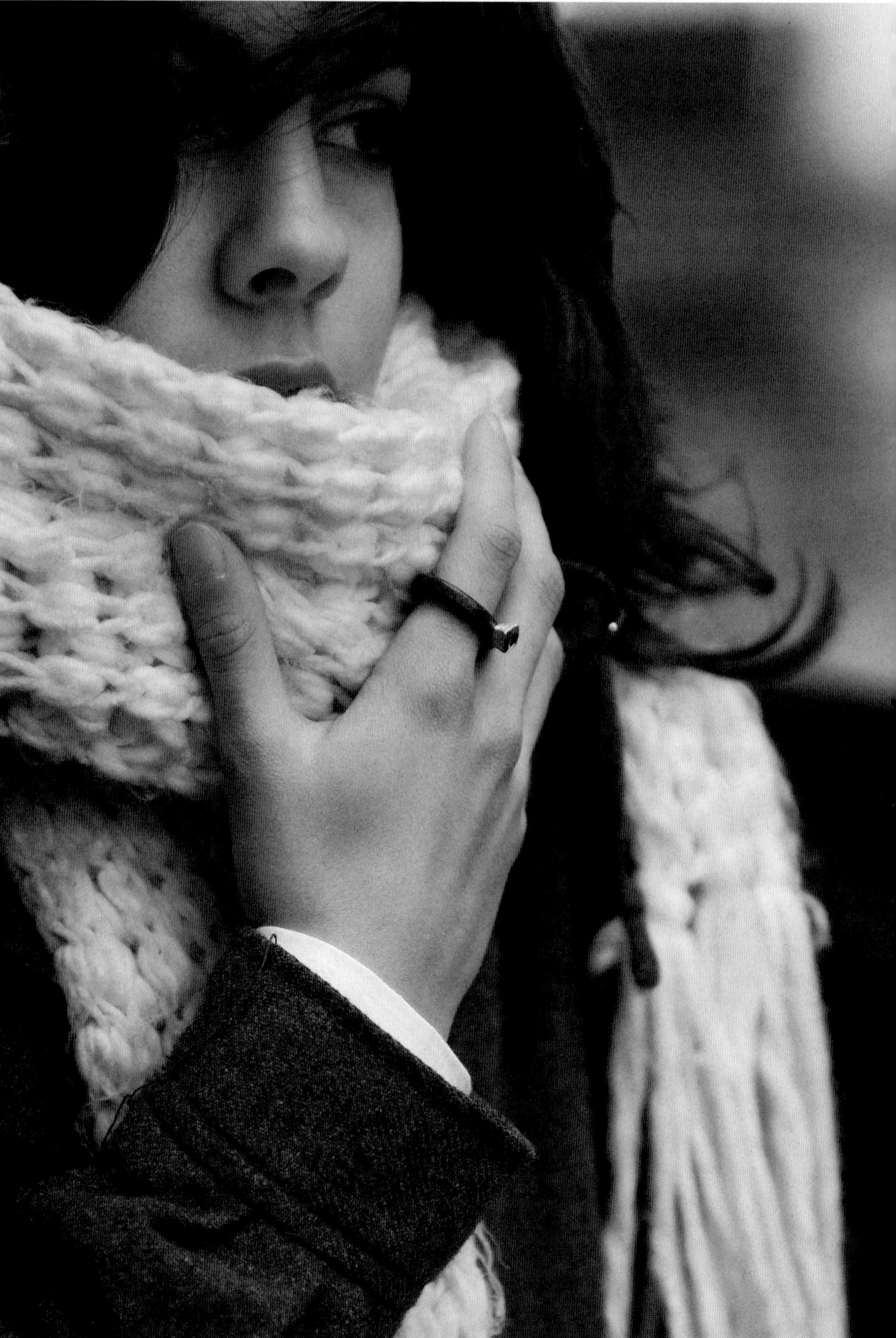

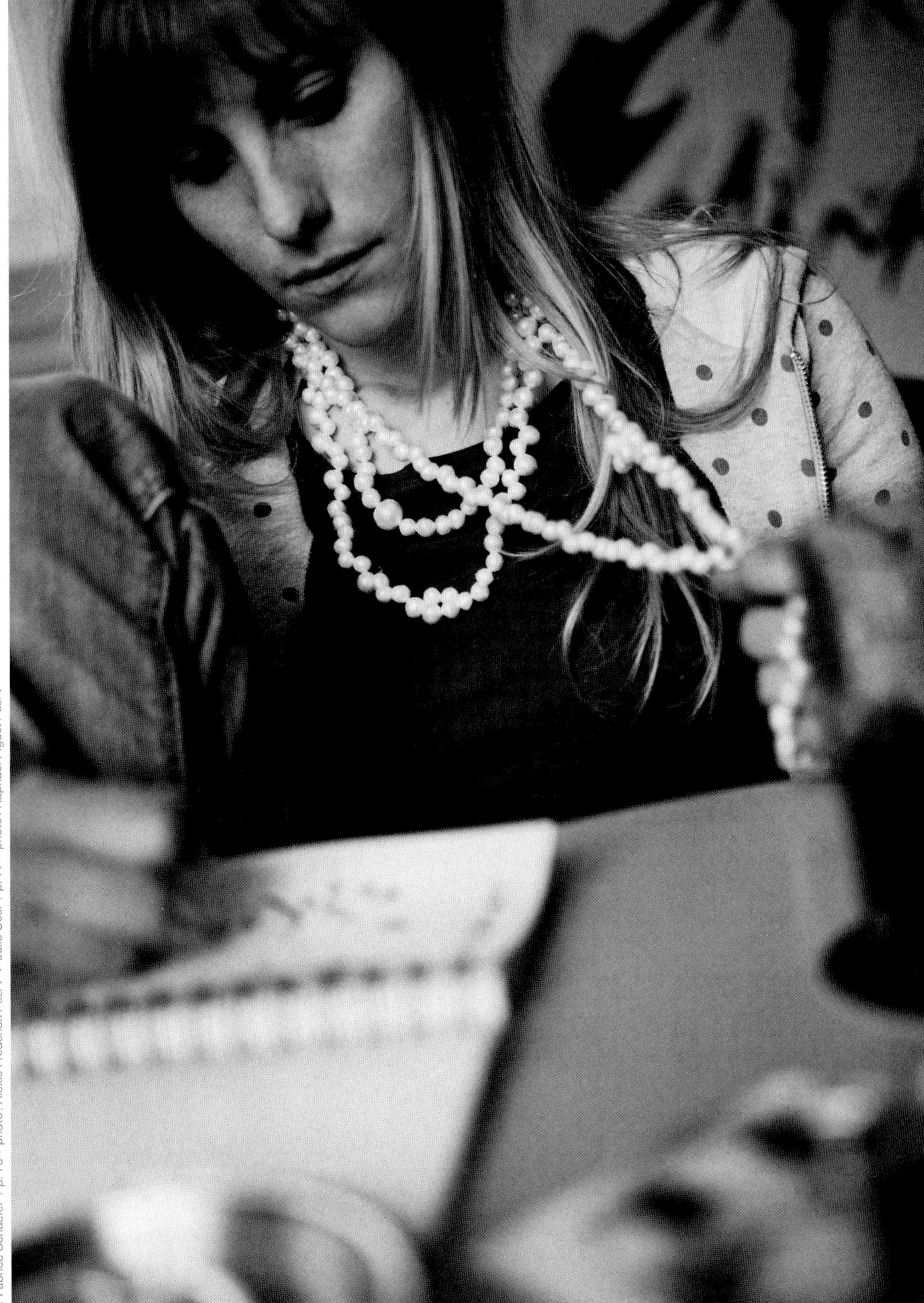

▲ Fabrice Schaefer / p. 76 • photo: Alexis Frederick / CEPV ▼ Julie Usel / p. 77 • photo: Raphael Piguet / CEPV

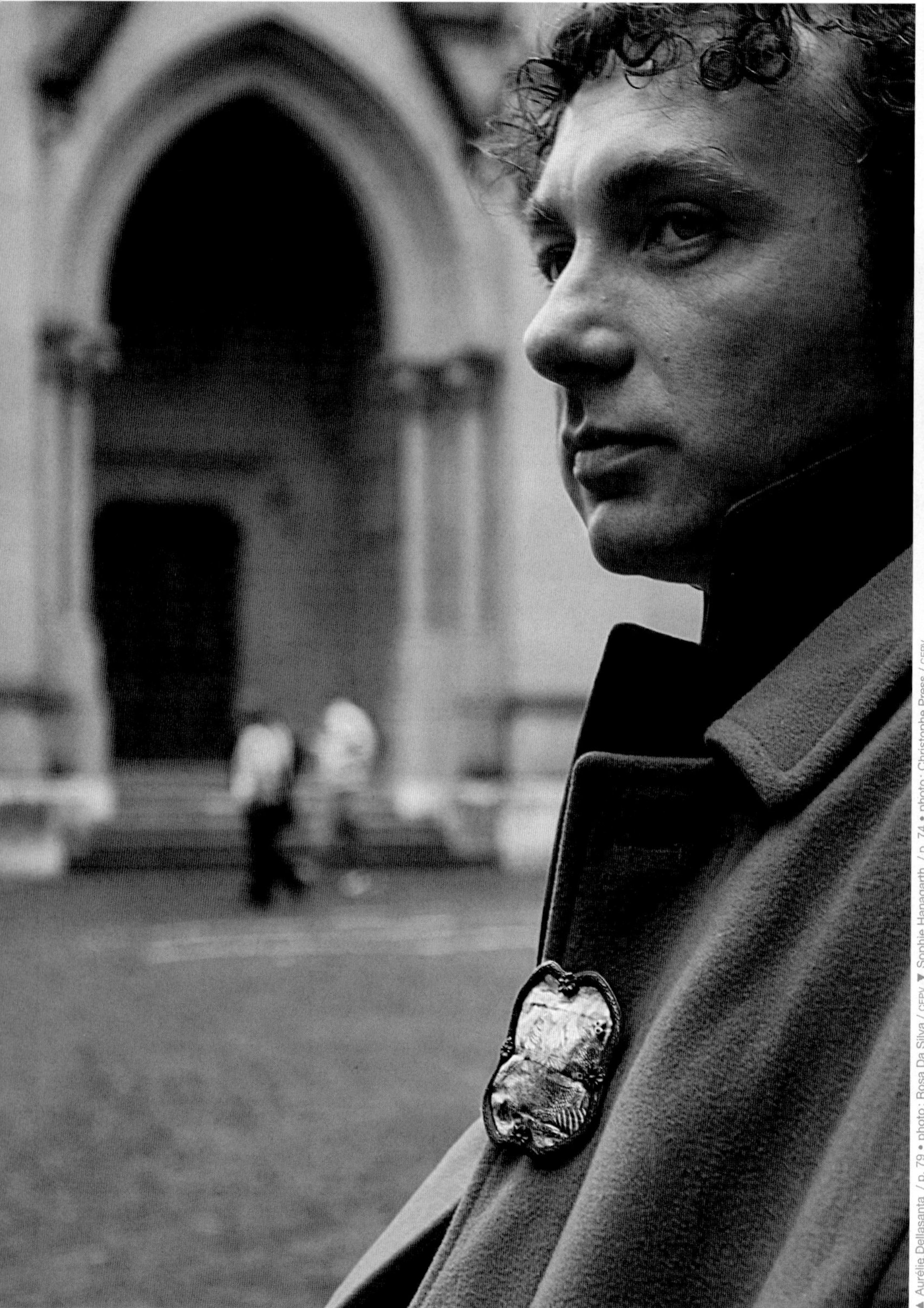

▲ Aurélie Dellasanta / p. 79 • photo: Rosa Da Silva / CEPV ▼ Sophie Hanagarth / p. 74 • photo: Christophe Press / CEPV

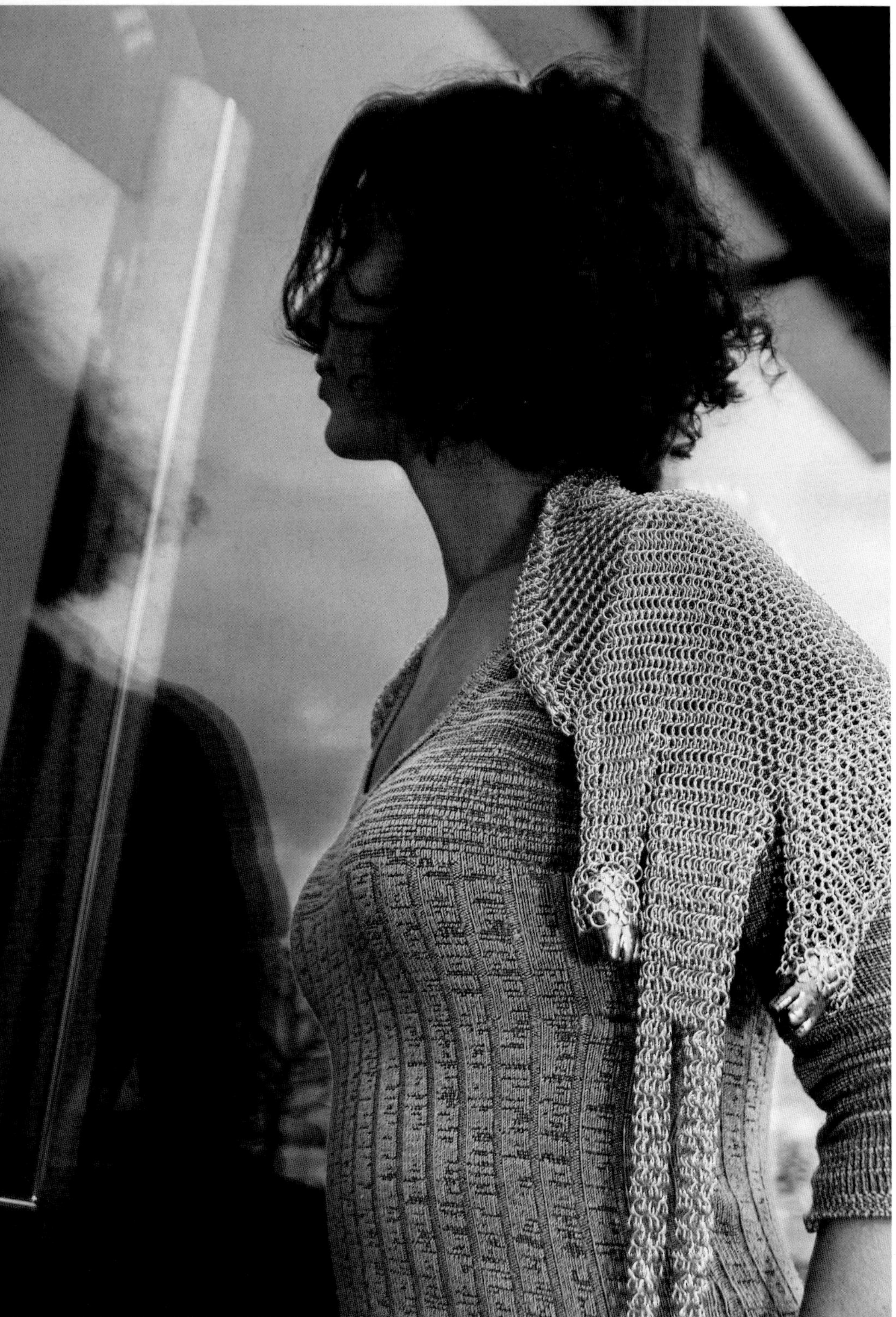

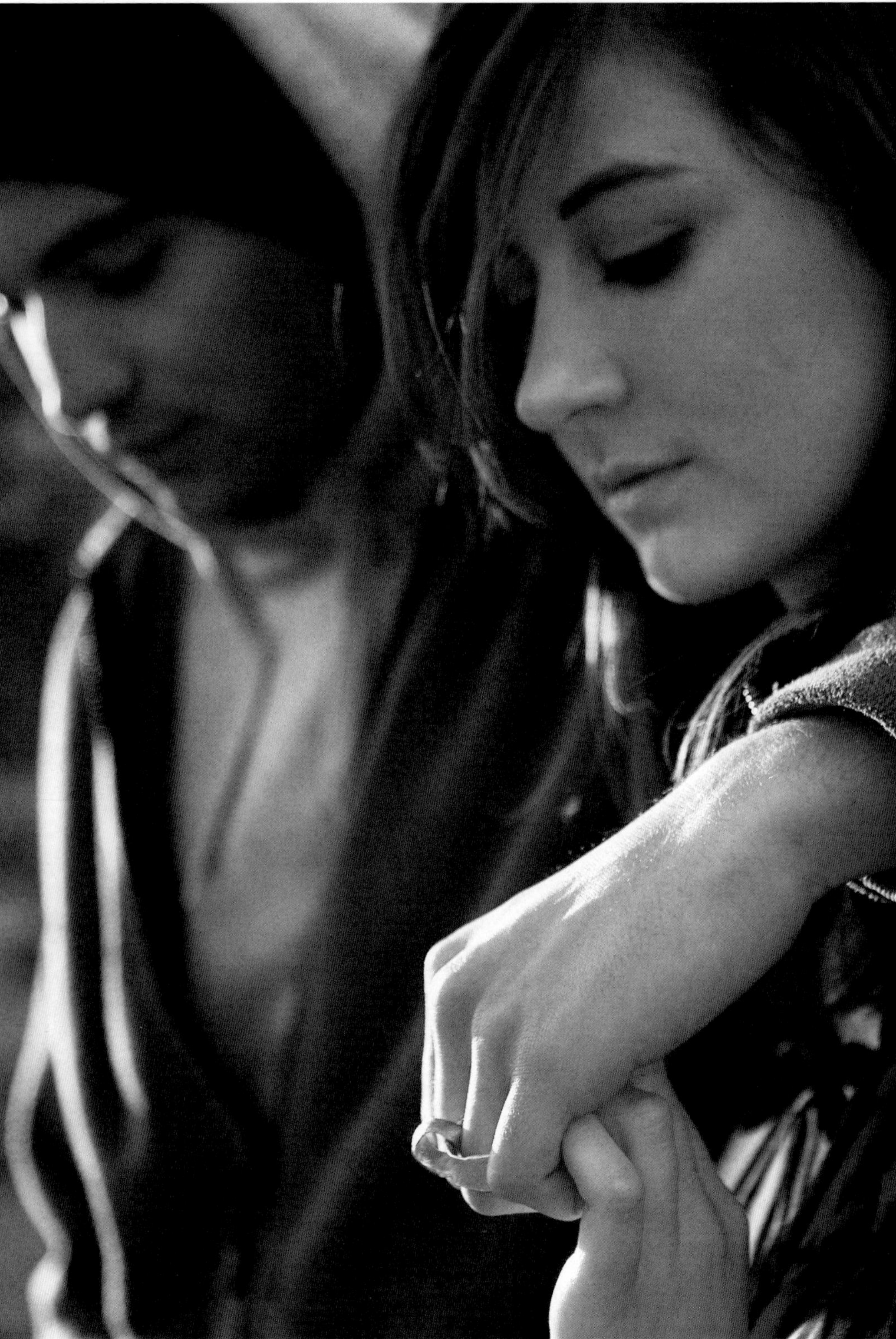

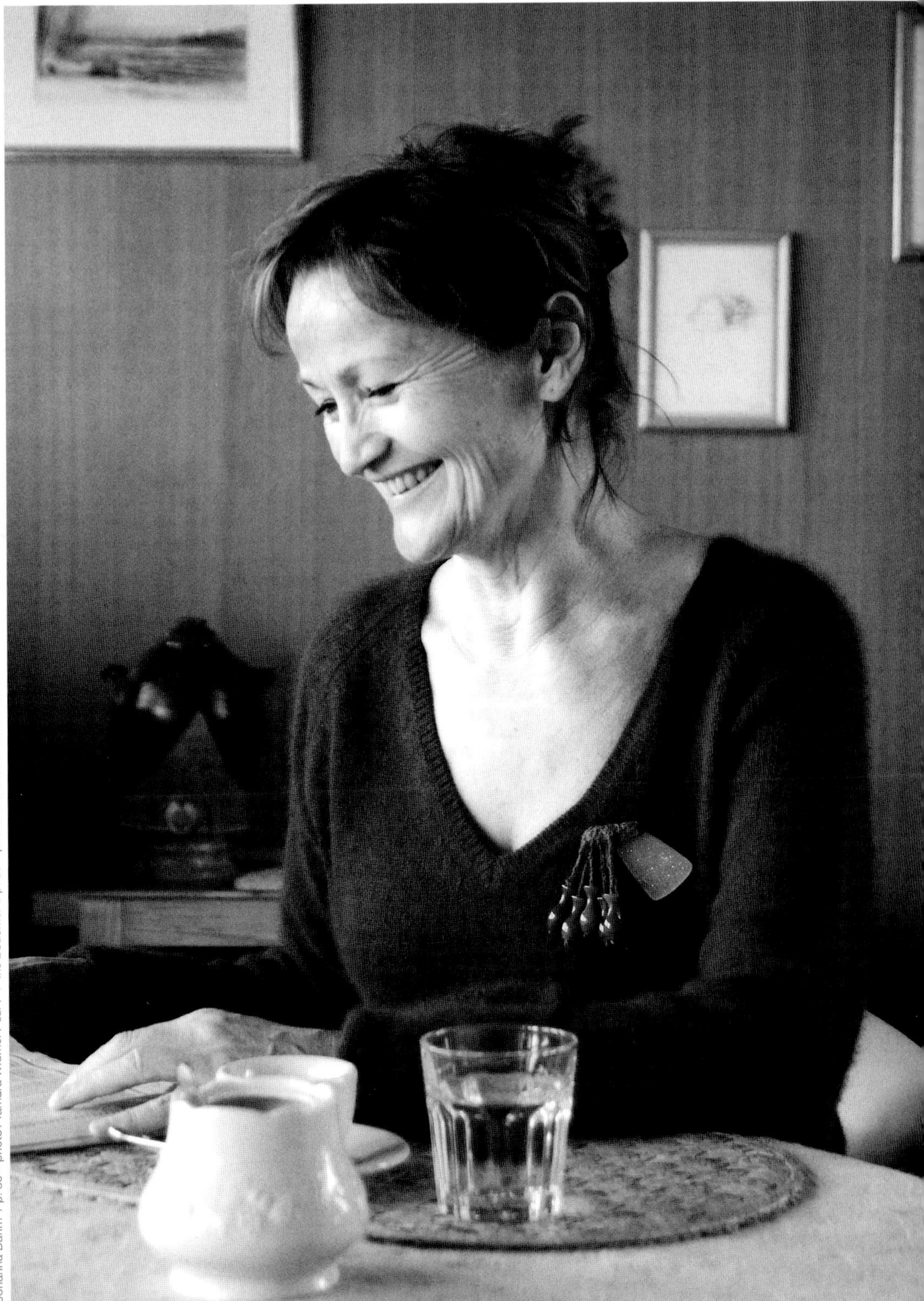

▲ Johanna Dahm / p. 88 • photo: Tamara Widmer / CEPV ▼ Iris Bodemer / p. 89 • photo: Berenice Mercier / CEPV

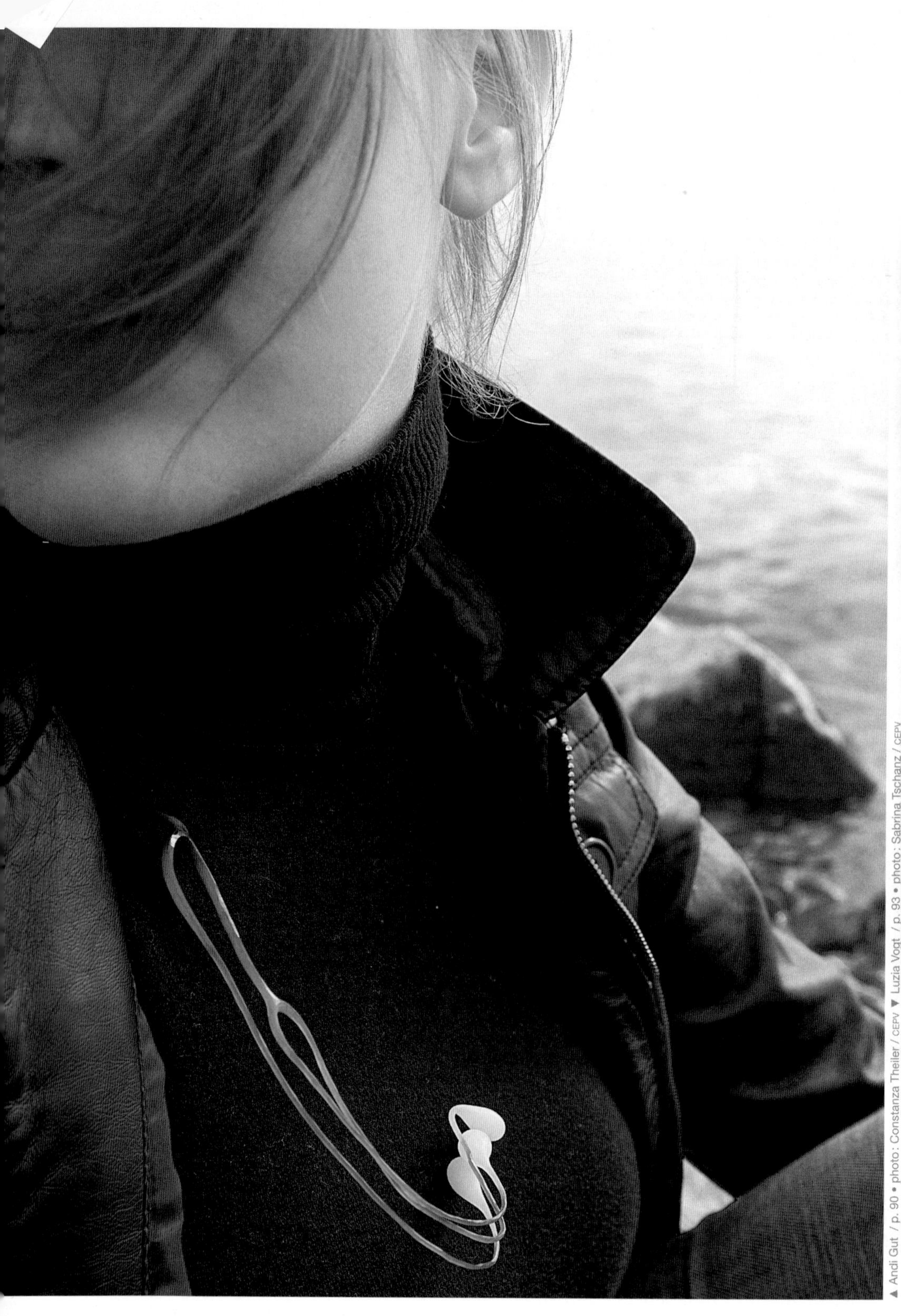

▲ Andi Gut / p. 90 • photo: Constanza Theiler / CEPV ▼ Luzia Vogt / p. 93 • photo: Sabrina Tschanz / CEPV

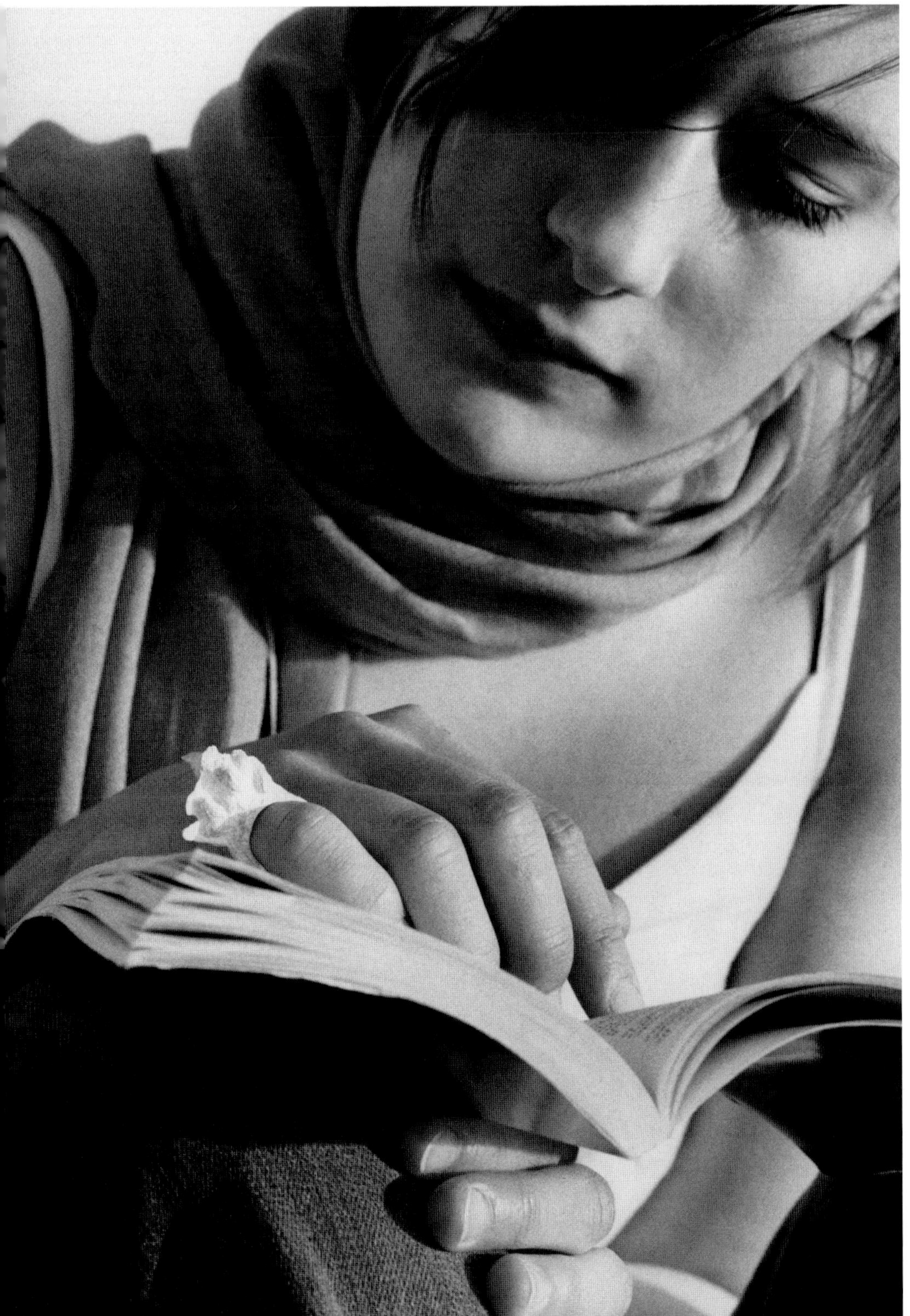

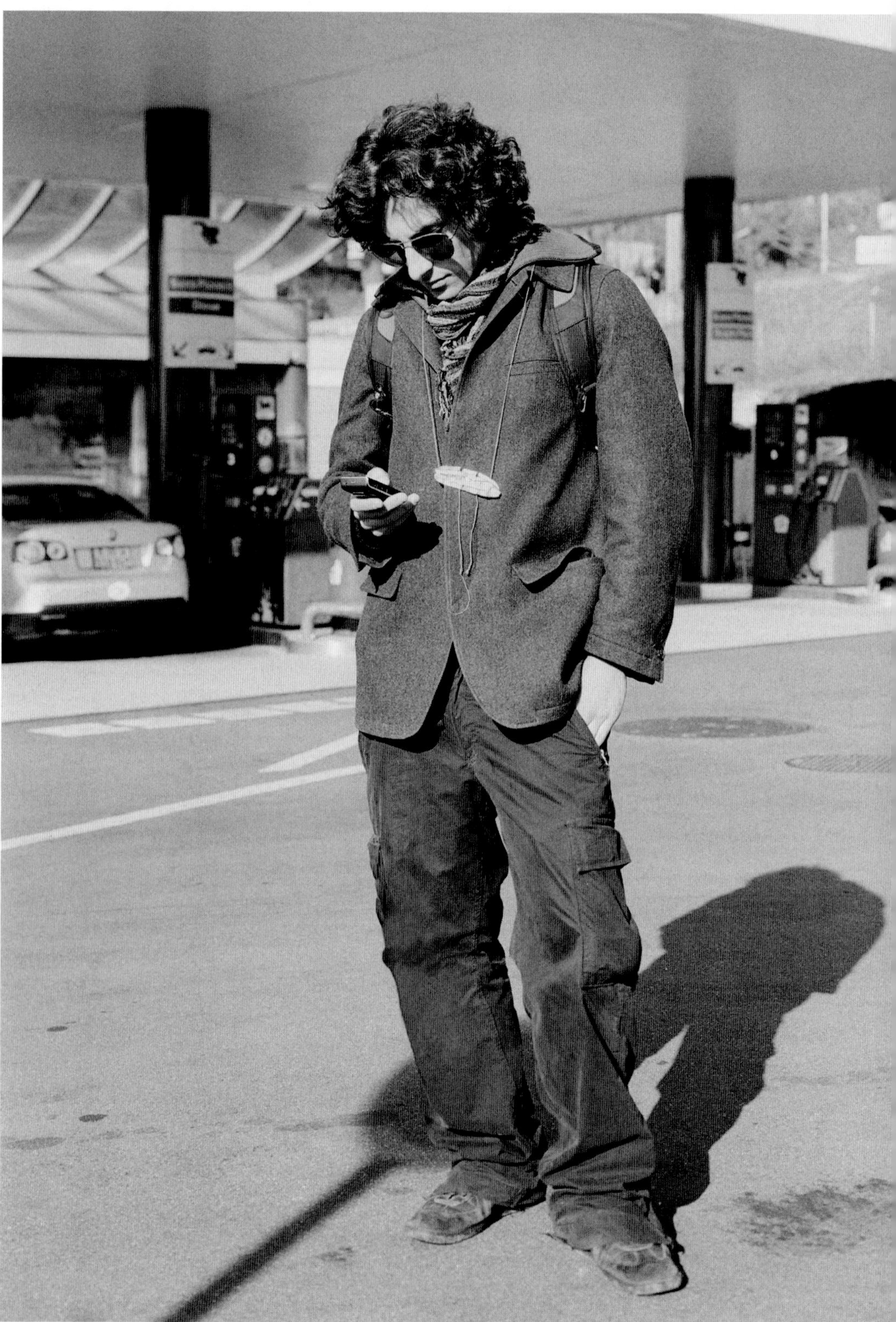

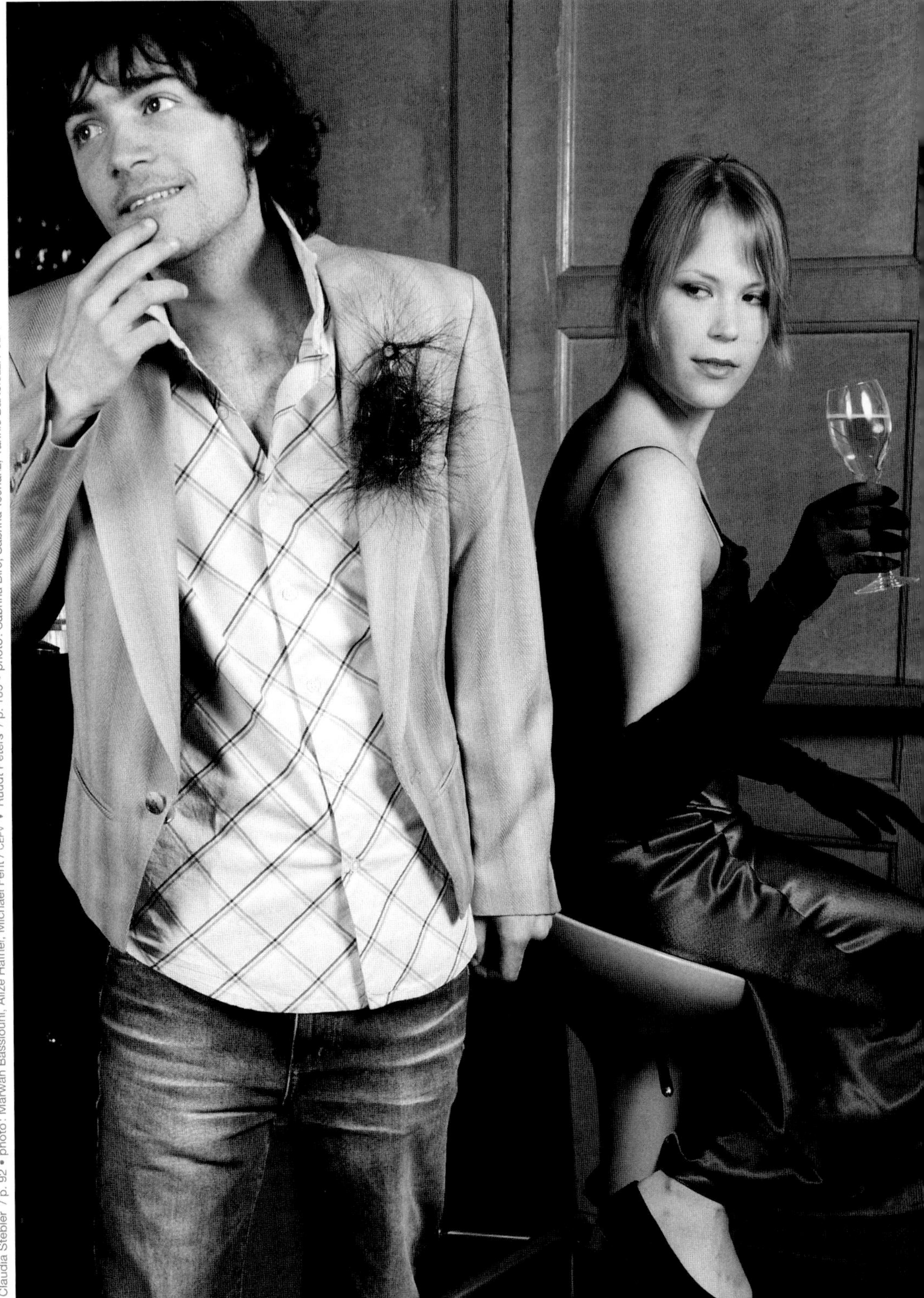

▲ Claudia Stebler / p. 92 • photo: Marwan Bassiouni, Alizé Hafner, Michael Fent / CEPV ▼ Ruudt Peters / p. 109 • photo: Sabrina Biro, Sabrina Ischanz, Yannic Bartolozzi / CEPV

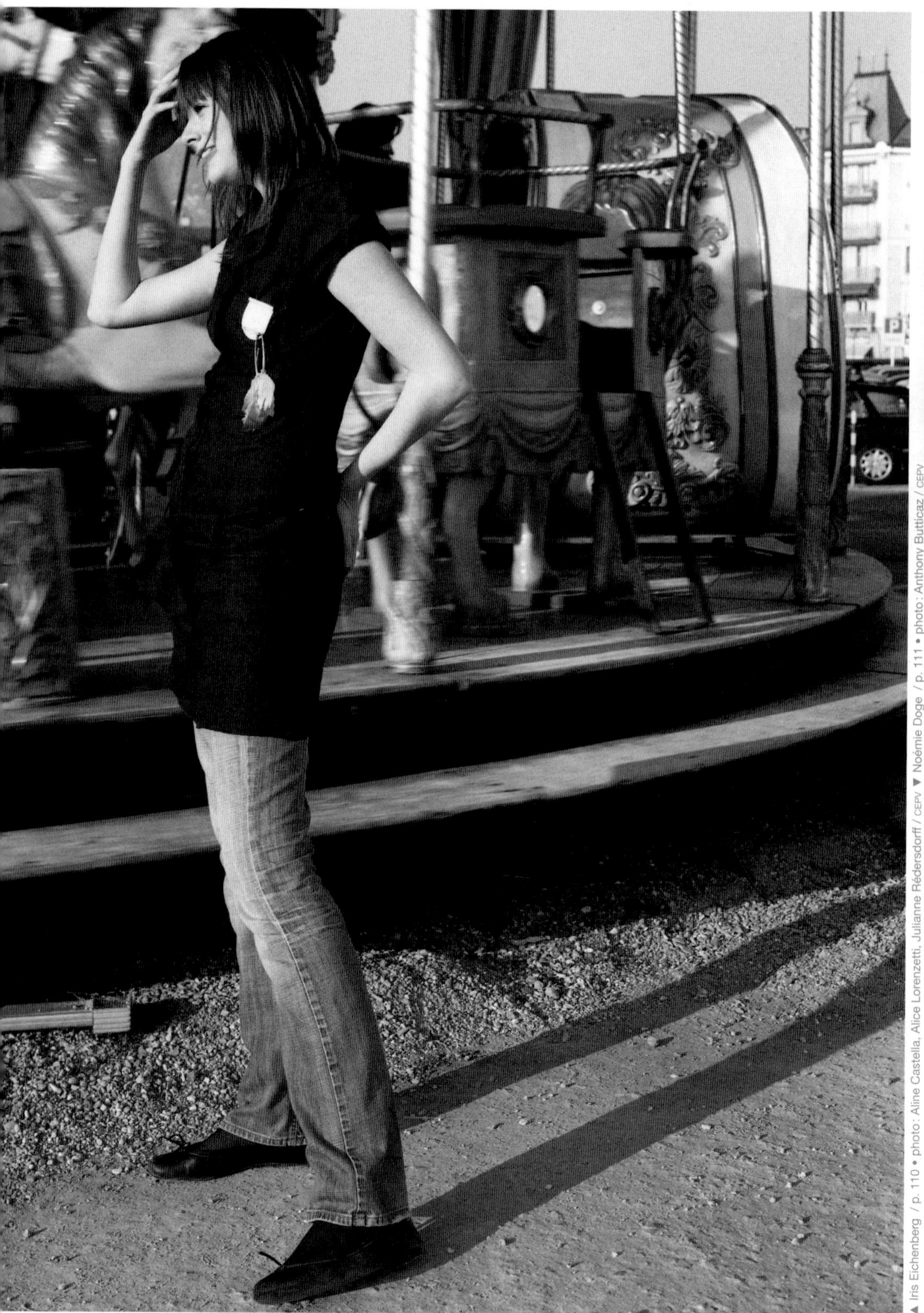

▲ Iris Eichenberg / p. 110 • photo: Aline Castella, Alice Lorenzetti, Julianne Rédersdorff / CEPV ▼ Noémie Doge / p. 111 • photo: Anthony Butticaz / CEPV

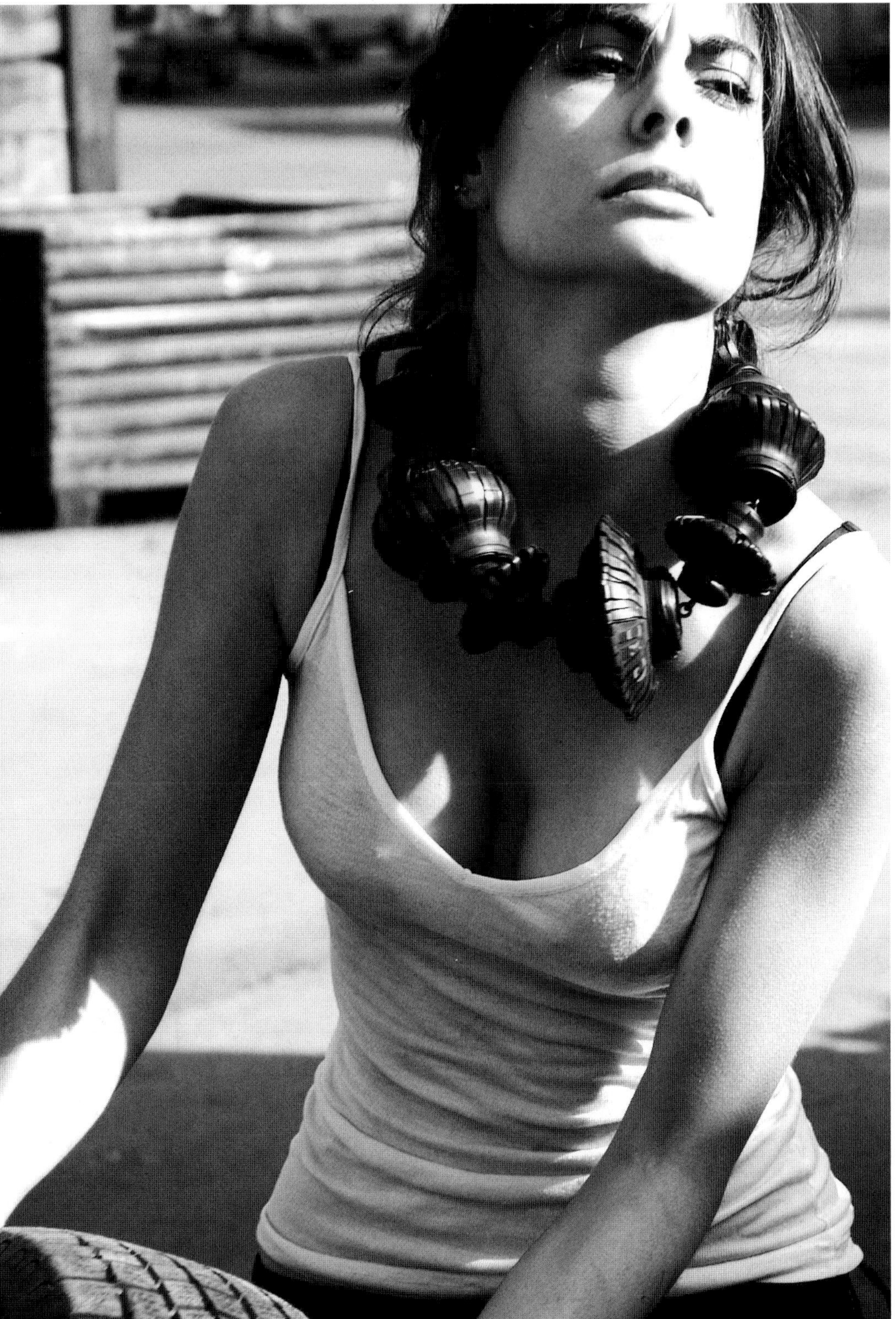

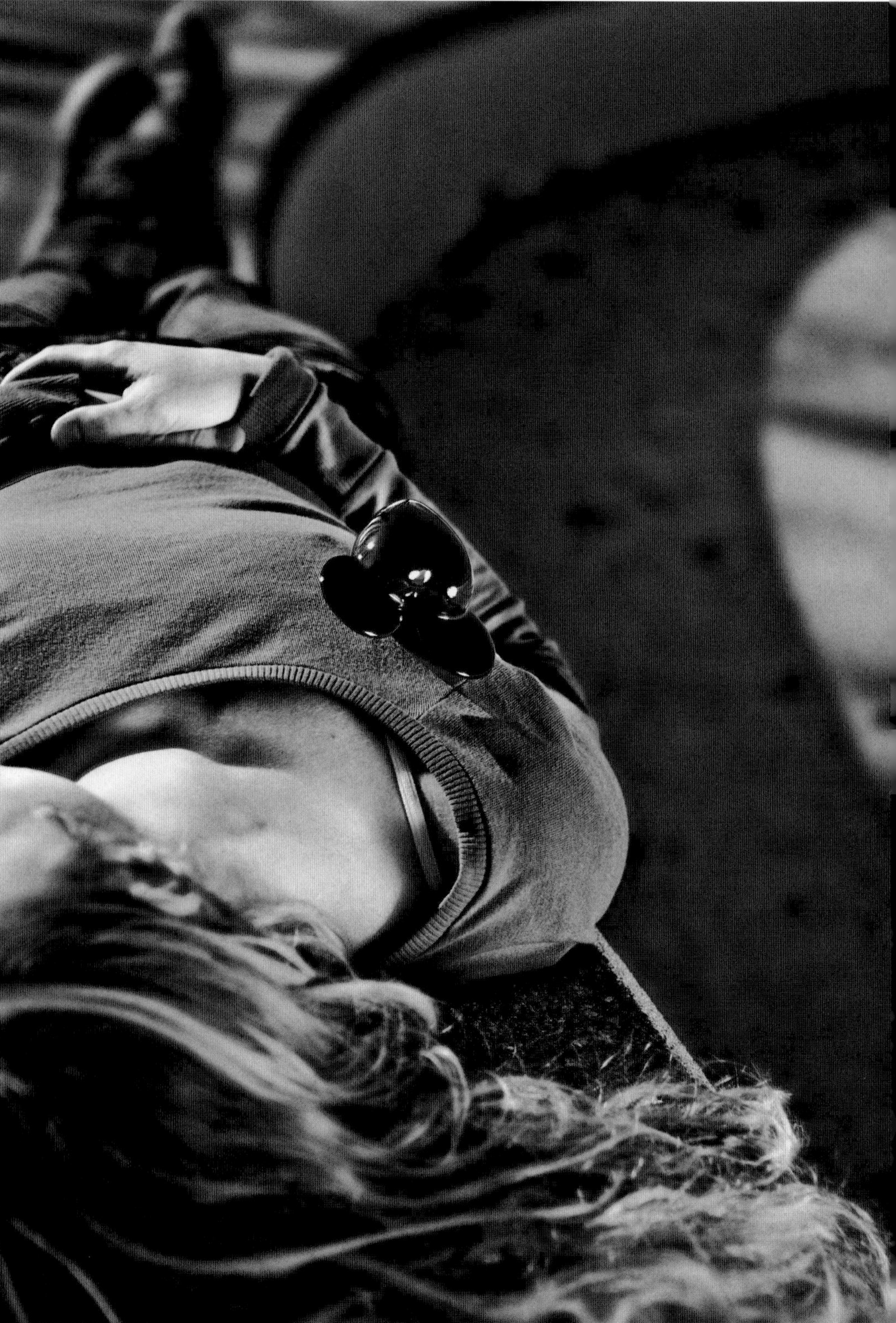

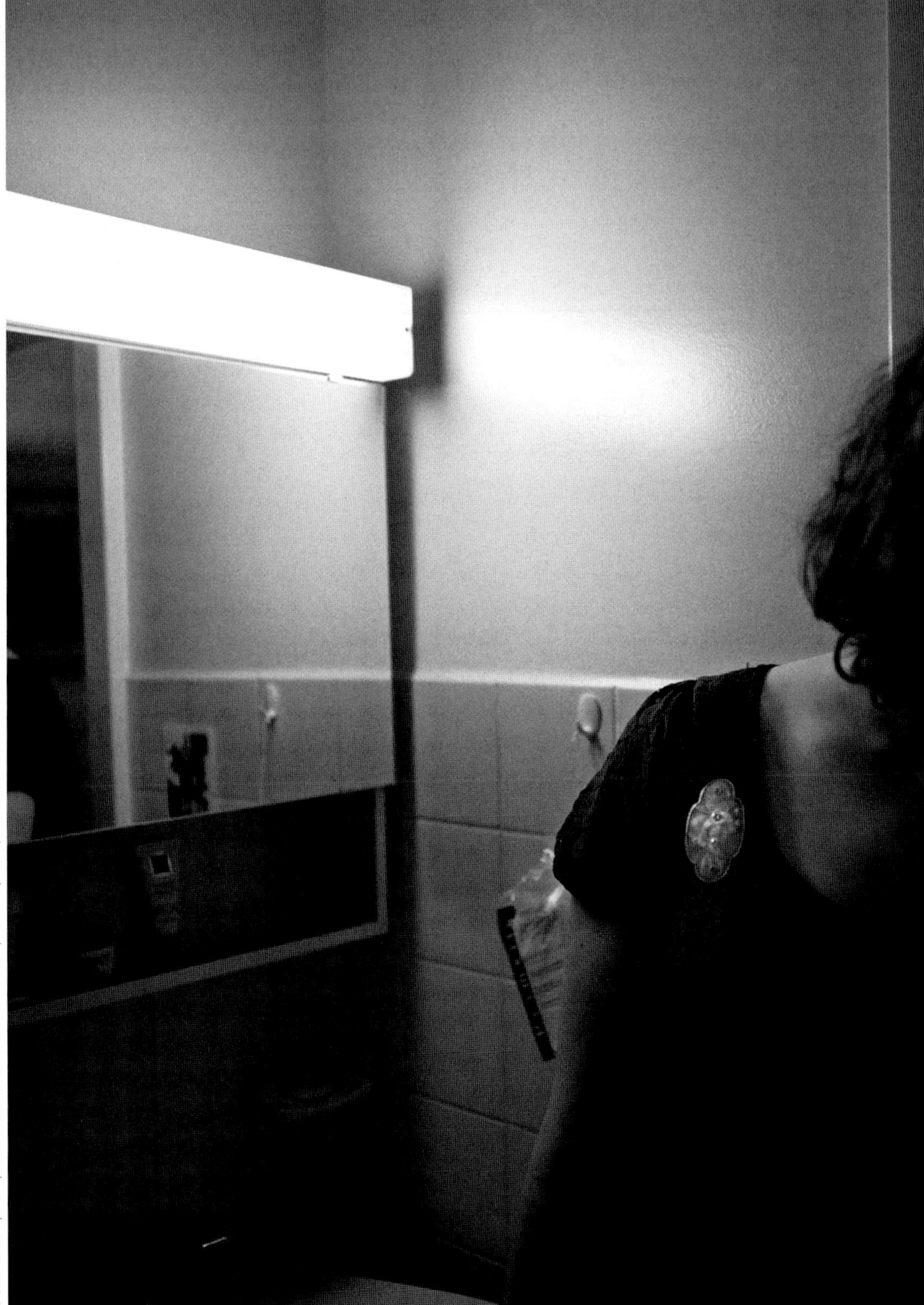

▲ Otto Künzli / p. 95 • photo: Claudio Artieda / CEPV ▼ Bettina Speckner / p. 96 • photo: Pauline Aellen / CEPV

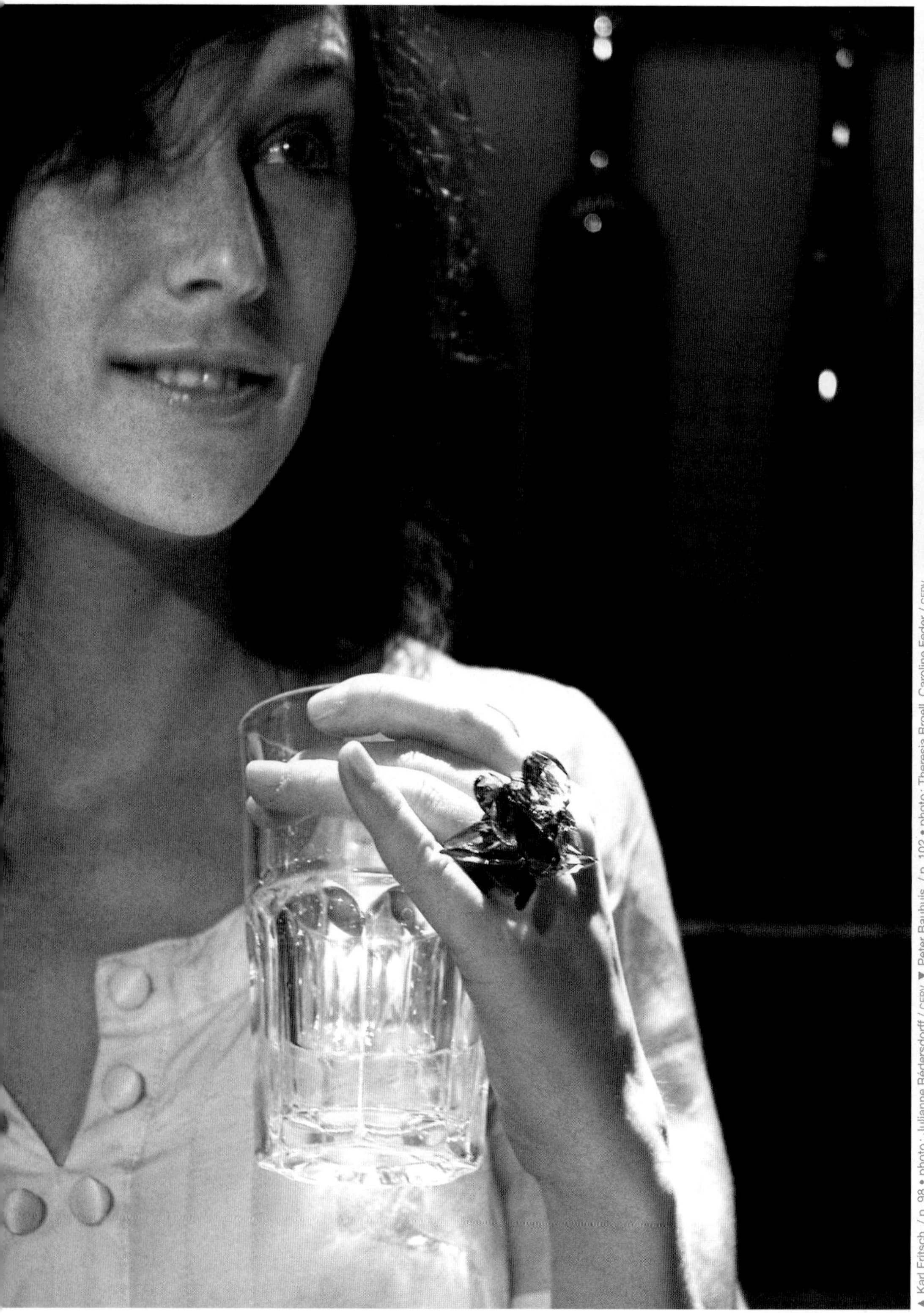

▲ Karl Fritsch / p. 98 • photo: Julianne Rédersdorff / CFPV ▼ Peter Bauhuis / p. 102 • photo: Theresia Broell, Caroline Feder / CFPV

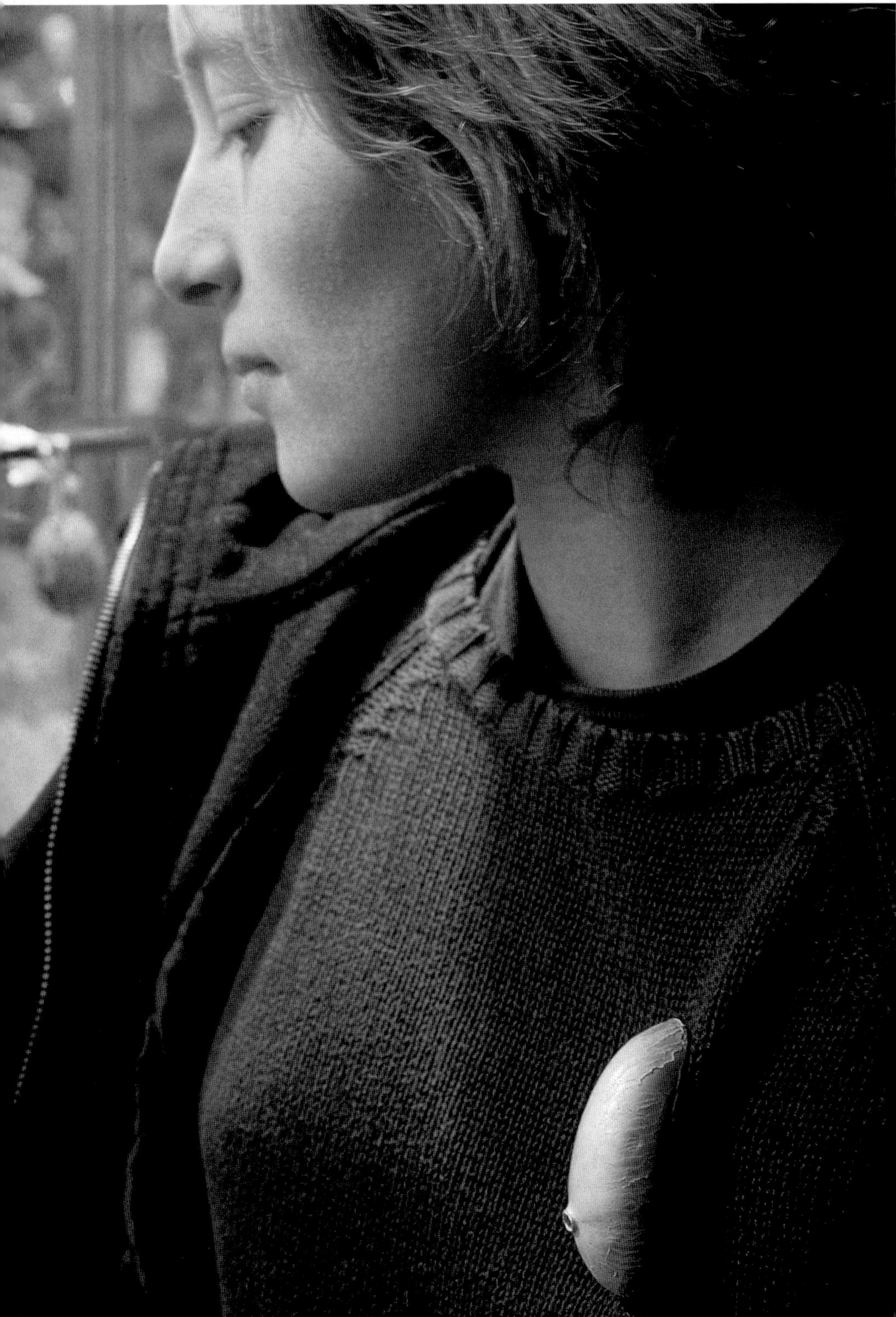

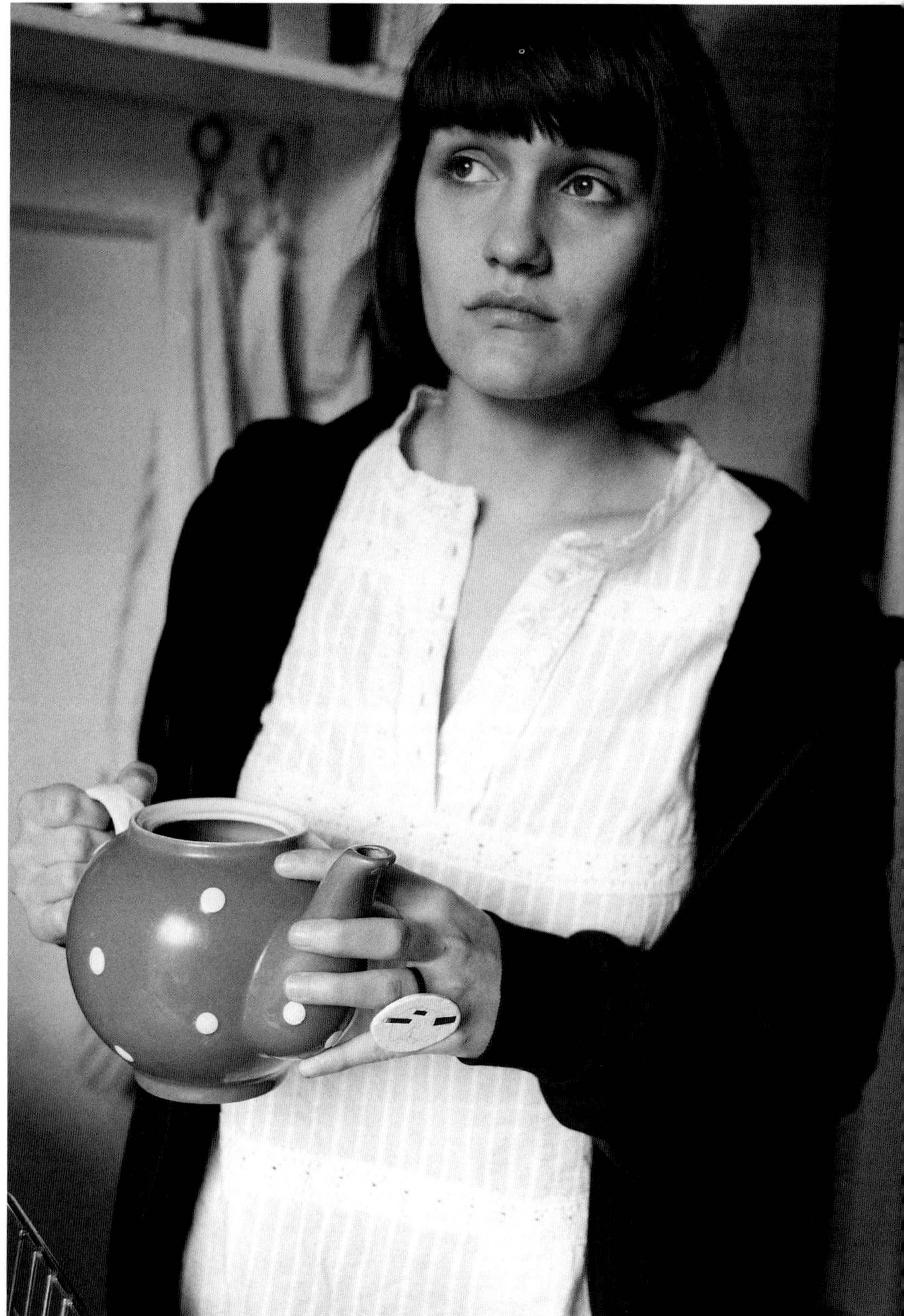

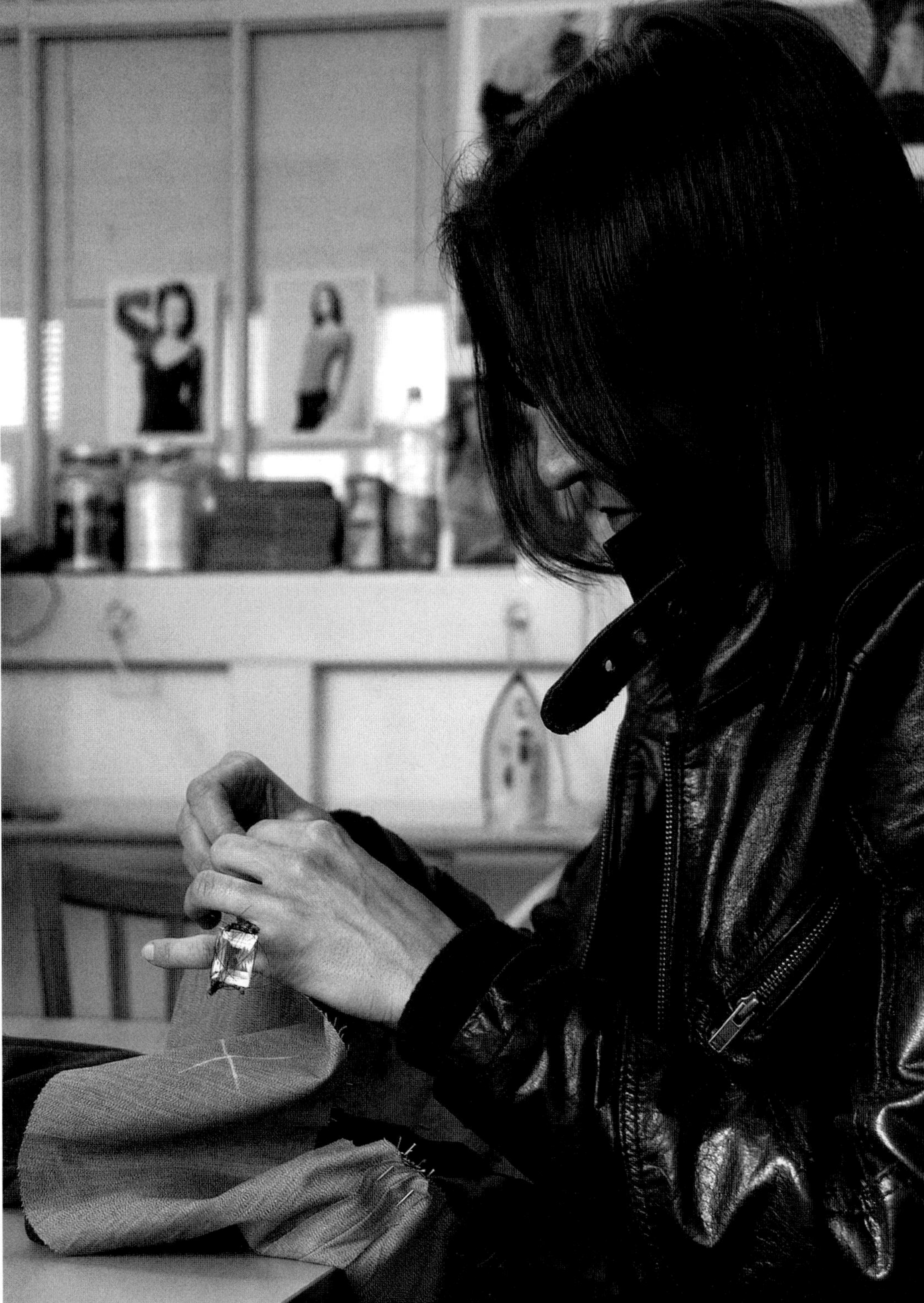

▲ Karen Pontoppidan / p. 100 • photo: Cedric Streuli / CEPV ▼ Adam Grinovich / p. 101 • photo: Arya Dil / CEPV

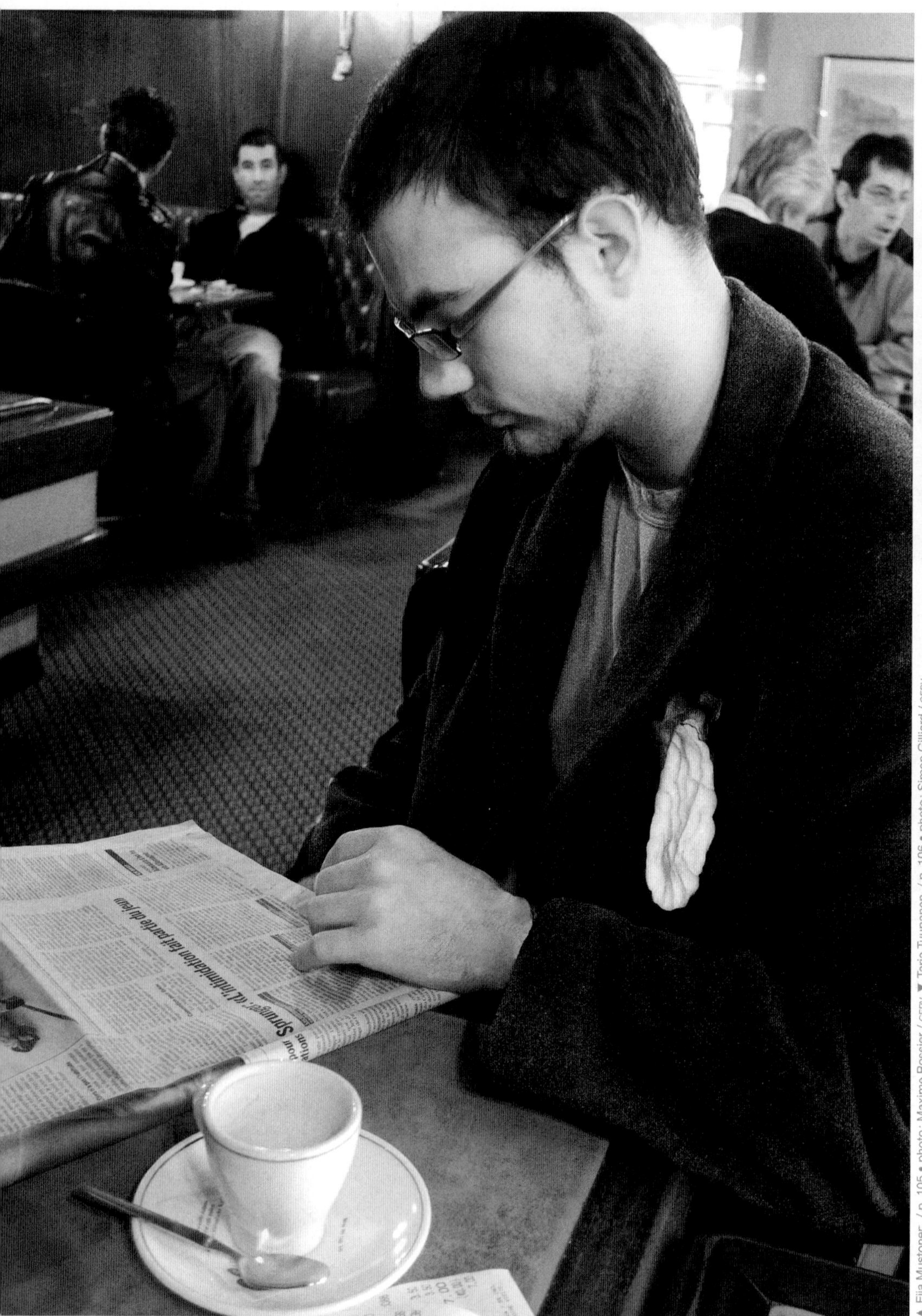

▲ Eija Mustoner / p. 105 • photo: Maxime Rossier / CEPV ▼ Tarja Tuupanen / p. 106 • photo: Simon Gilliard / CEPV

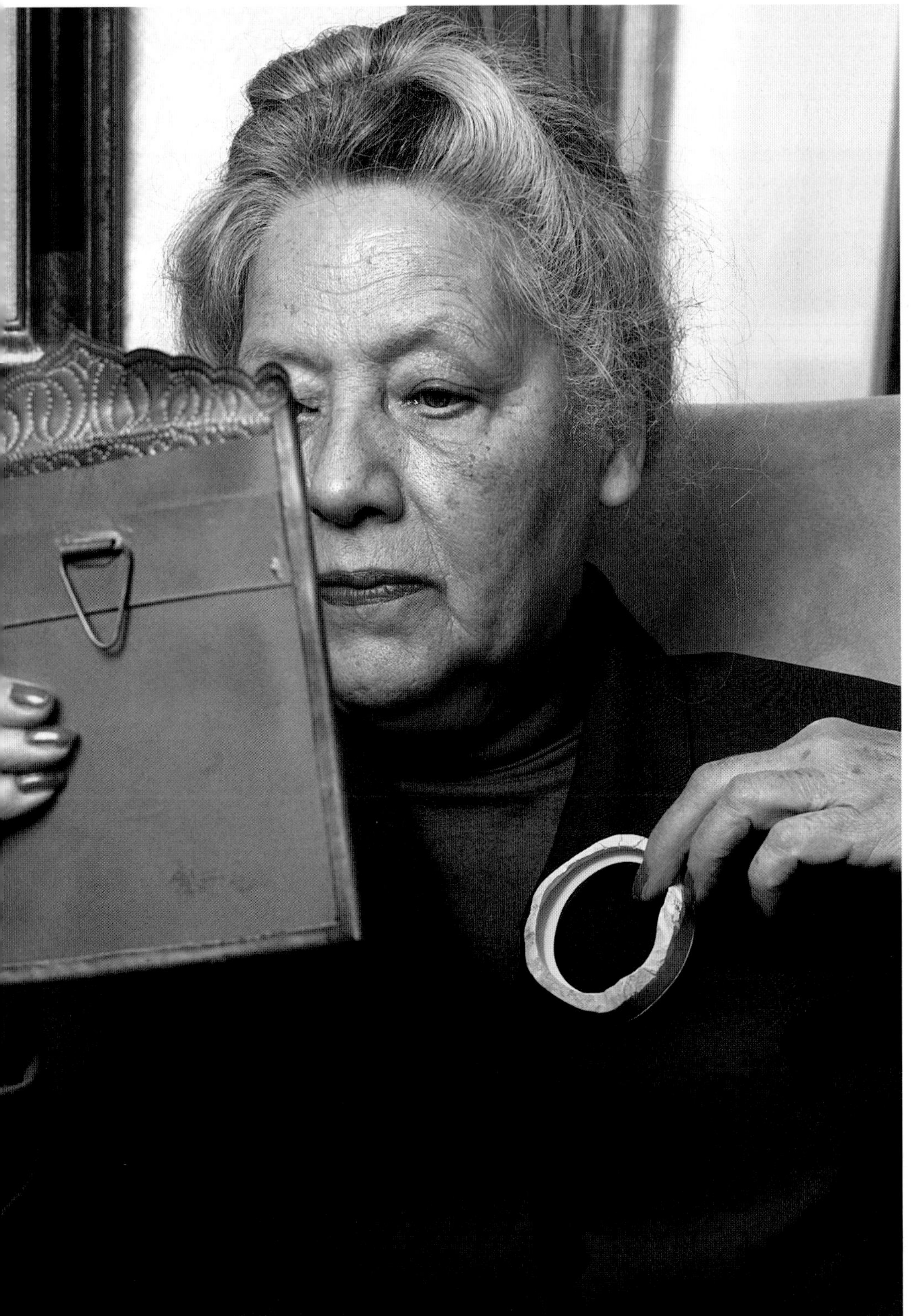

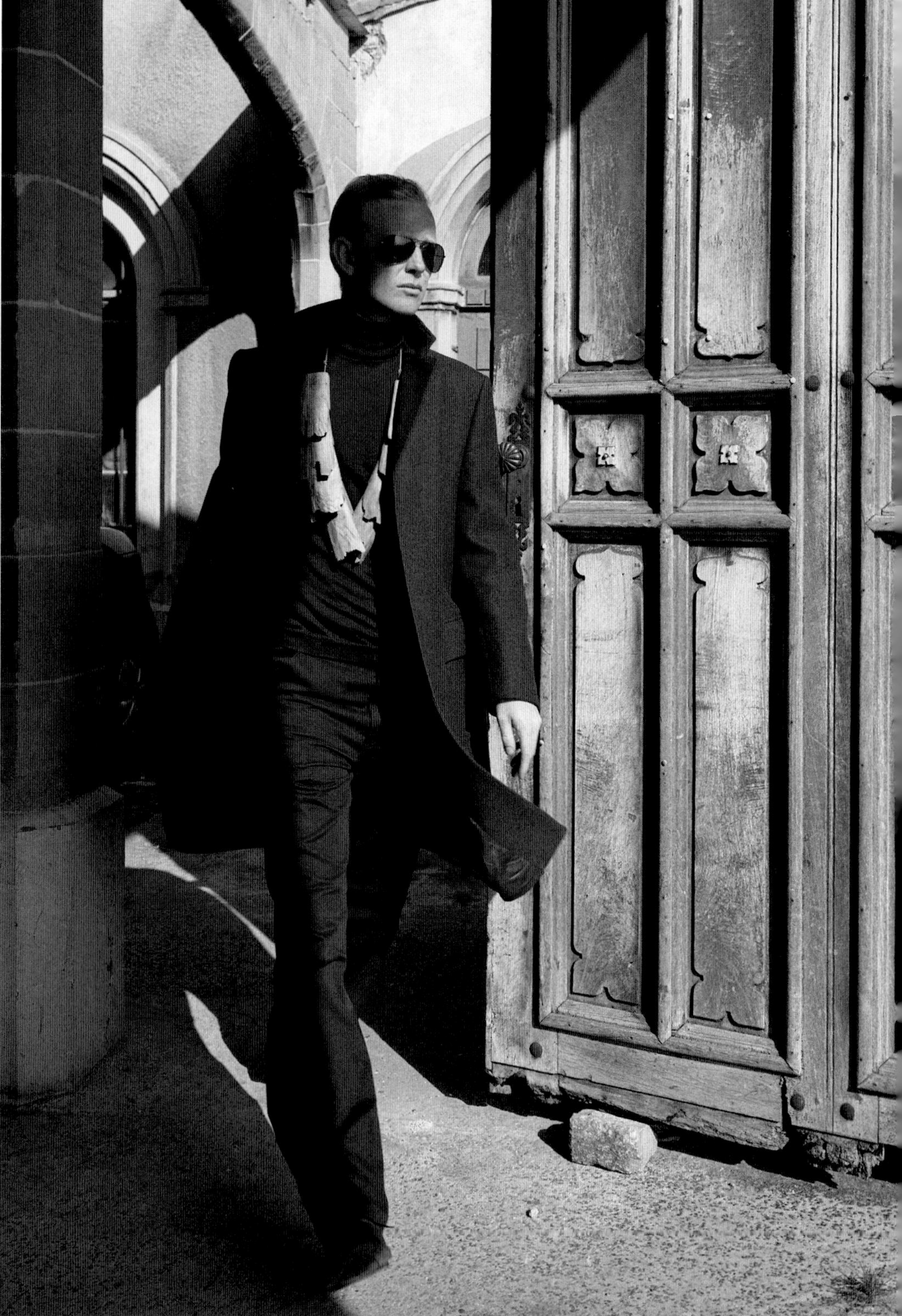

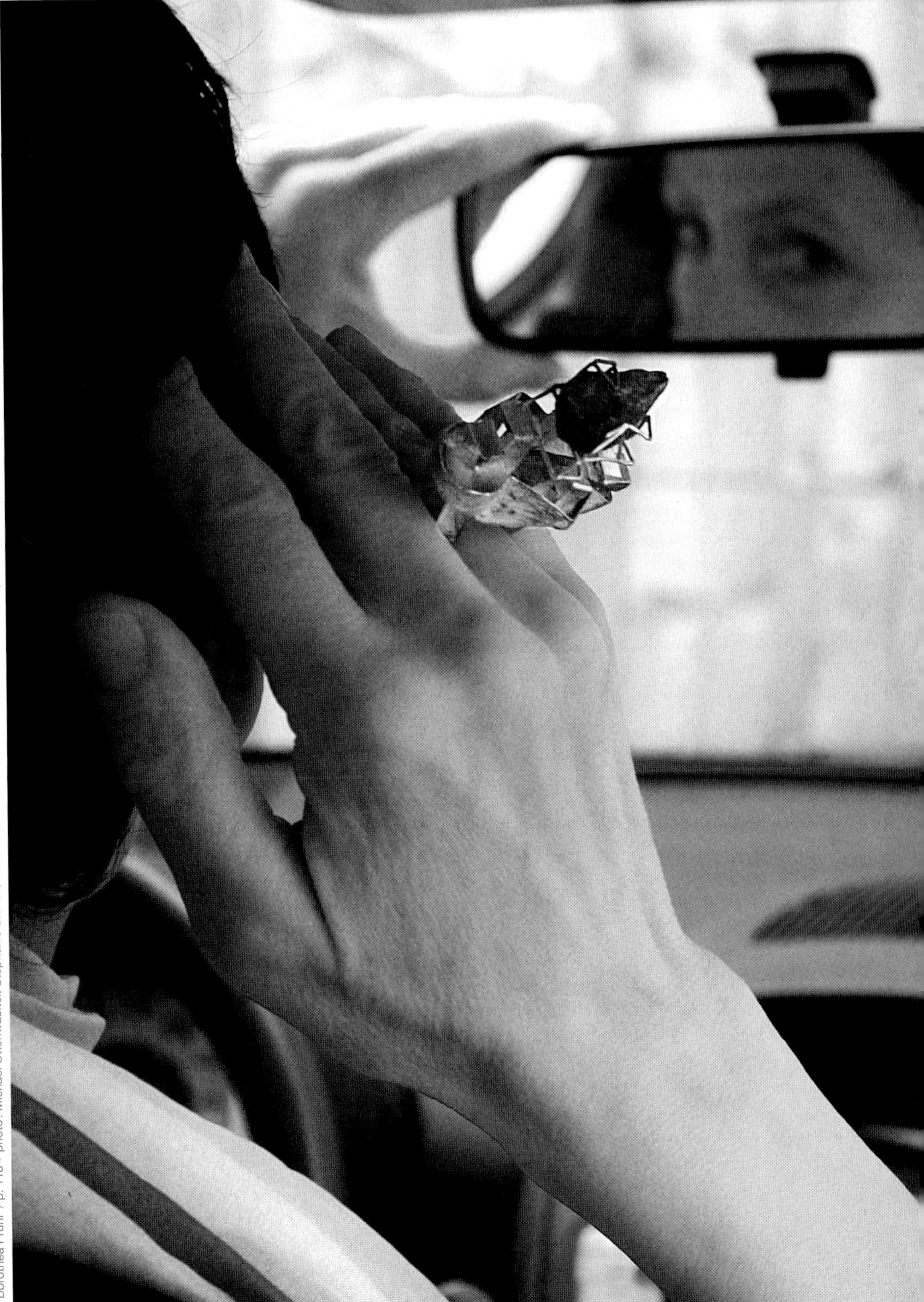

▲ Dorothea Prühl / p. 113 • photo: Michaël Ottenwaelter, Stéphanie Steffen, Hadrien Poncet / CEPV ▼ Beate Klockmann / p. 115 • photo: Cécile Magnenat / CEPV

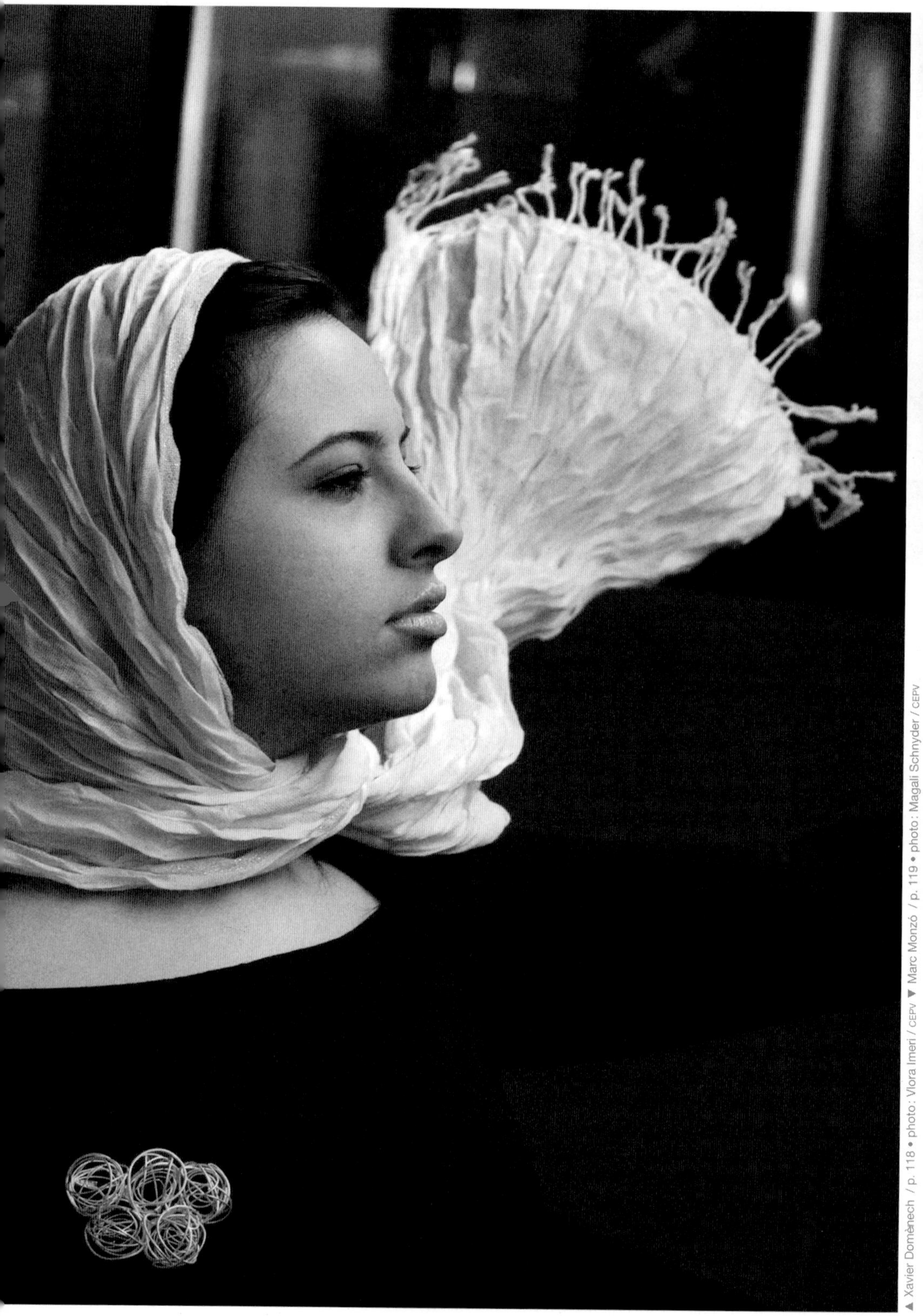

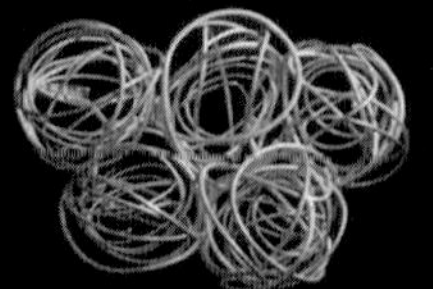

▲ Xavier Domènech / p. 118 • photo: Vlora Imeri / CEPV ▼ Marc Monzó / p. 119 • photo: Magali Schnyder / CEPV

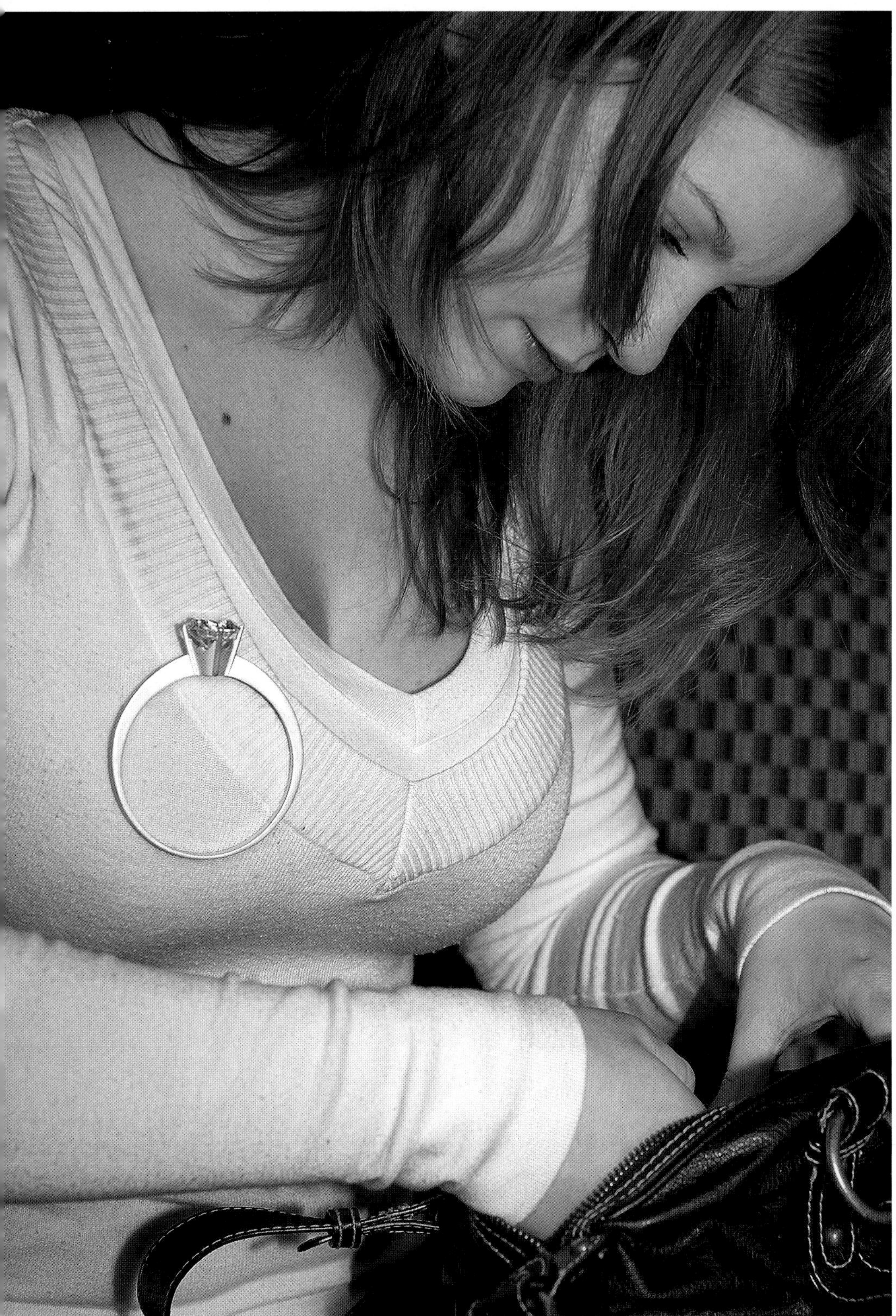

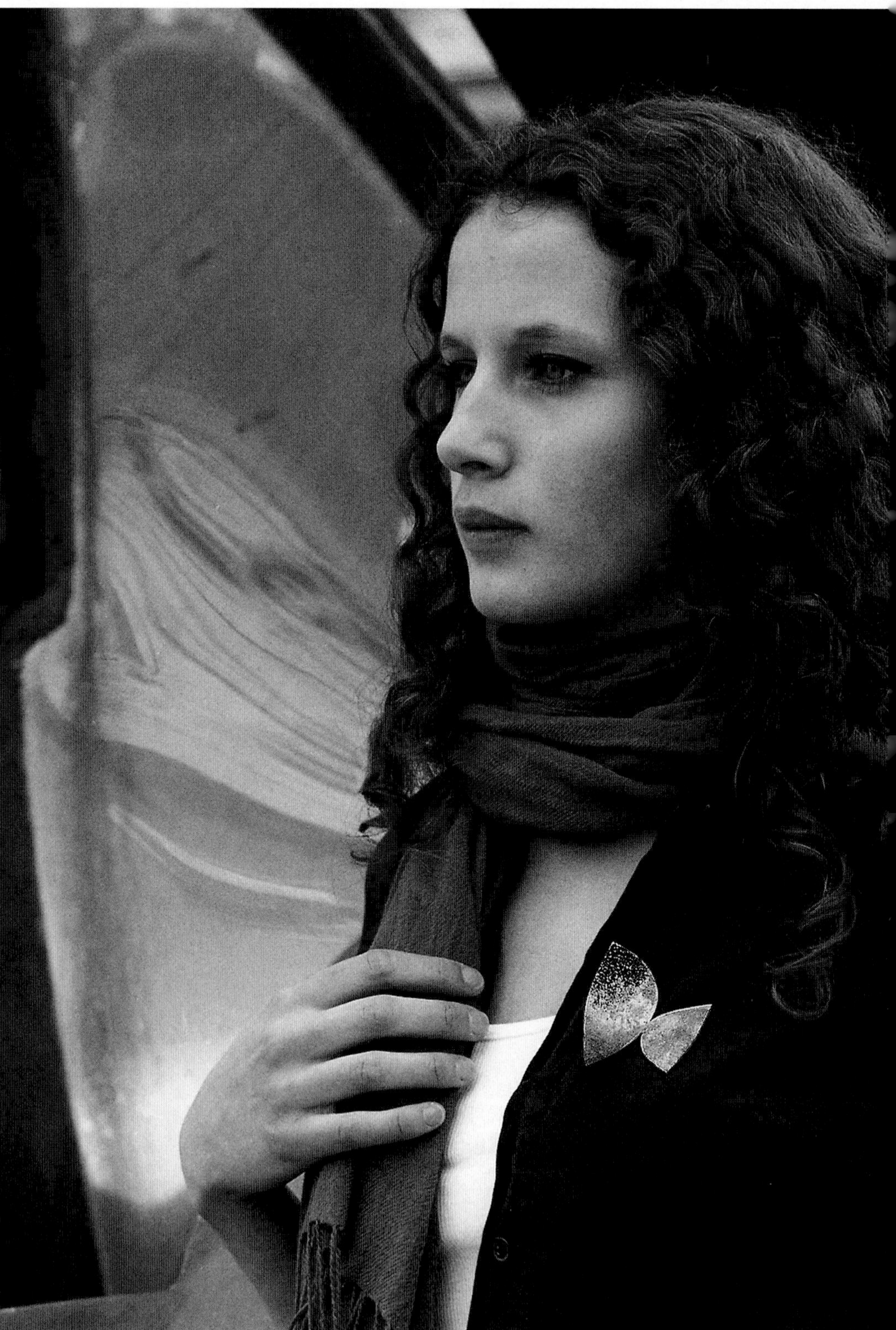

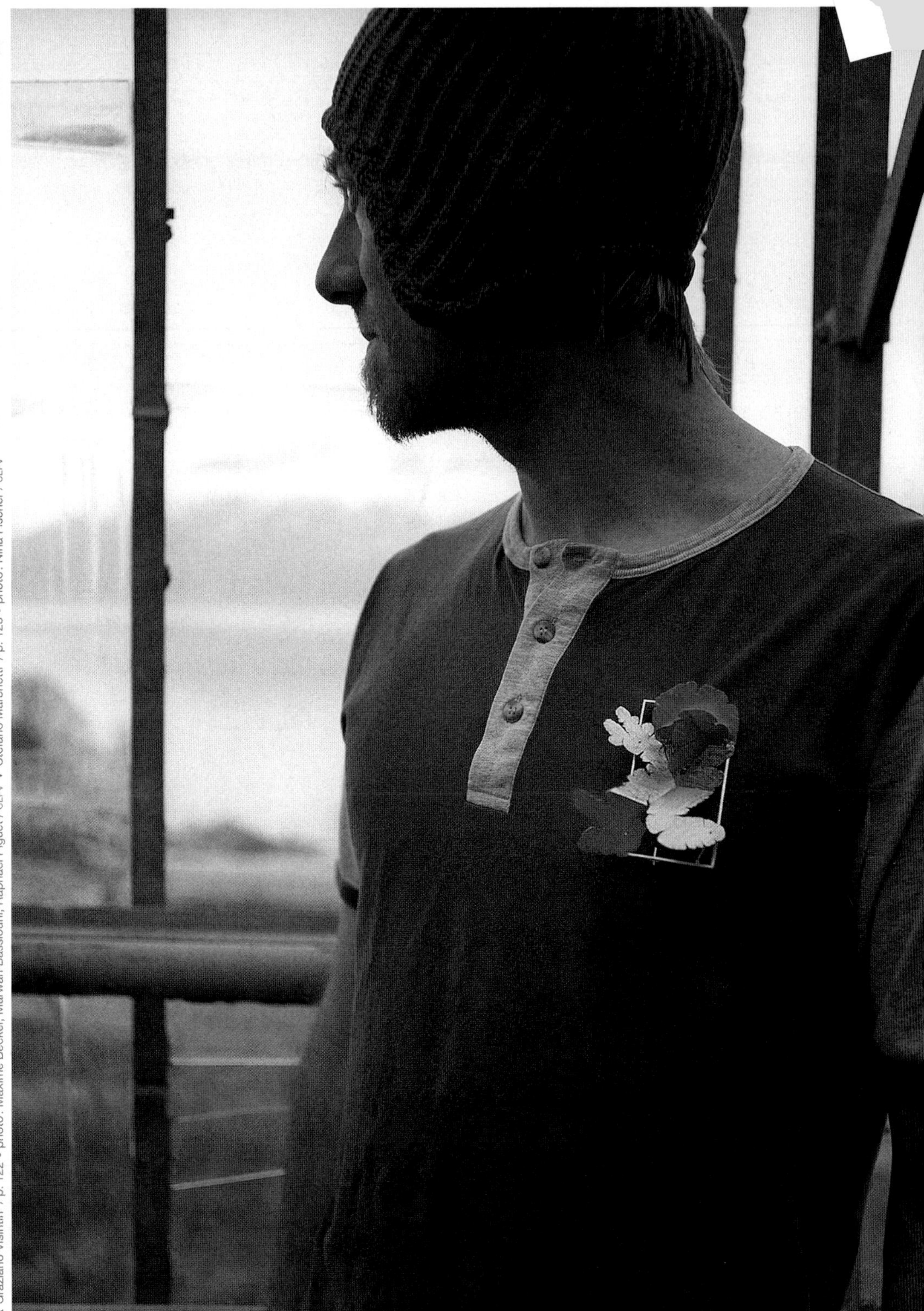

▲ Graziano Visintin / p. 122 • photo: Maxime Becker, Marwan Bassiouni, Raphael Piguet / CEPV ▼ Stefano Marchetti / p. 123 • photo: Nina Fischer / CEPV

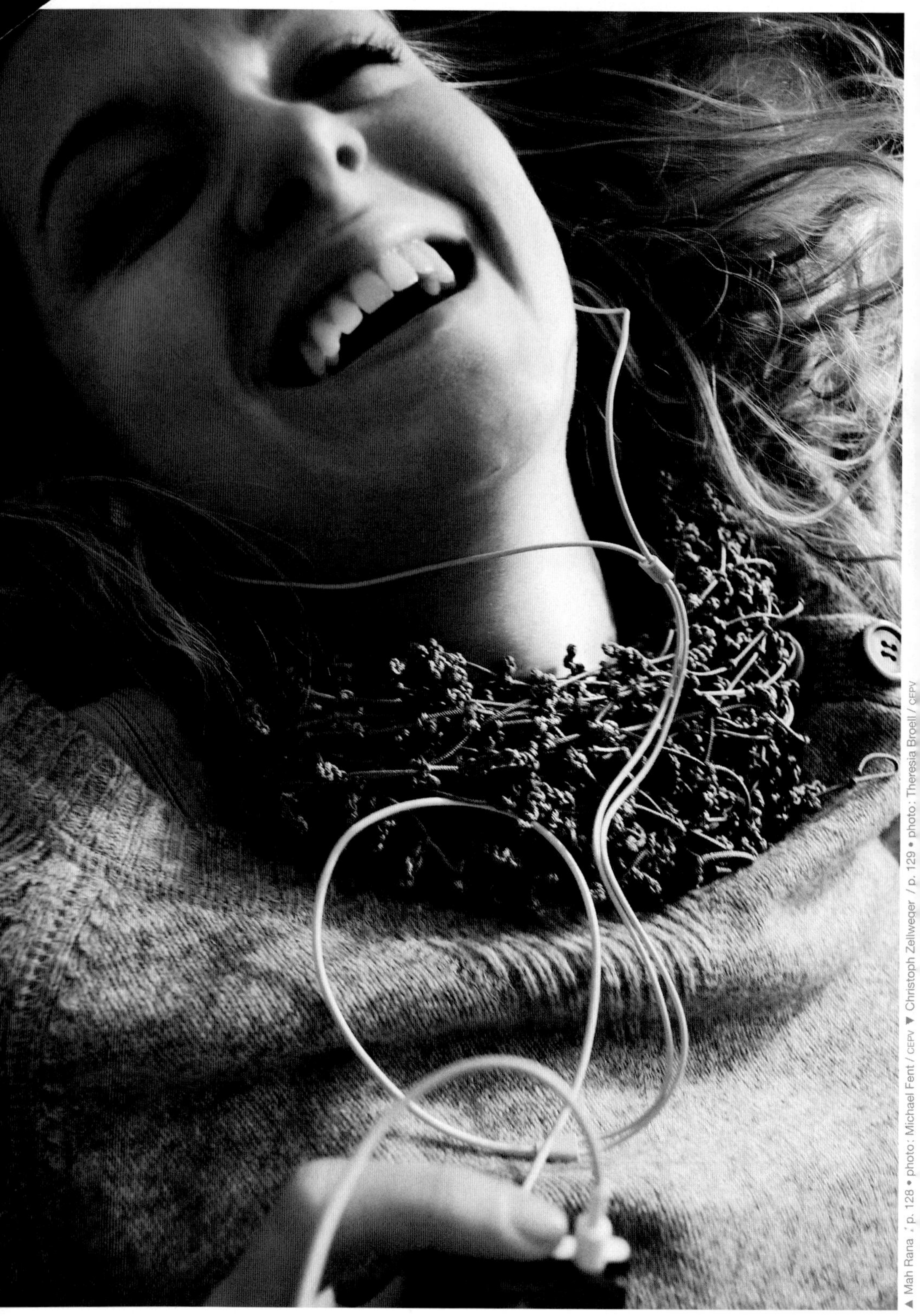

▲ Mah Rana : p. 128 • photo: Michael Fent / CEPV ▼ Christoph Zellweger / p. 129 • photo: Theresia Broell / CEPV

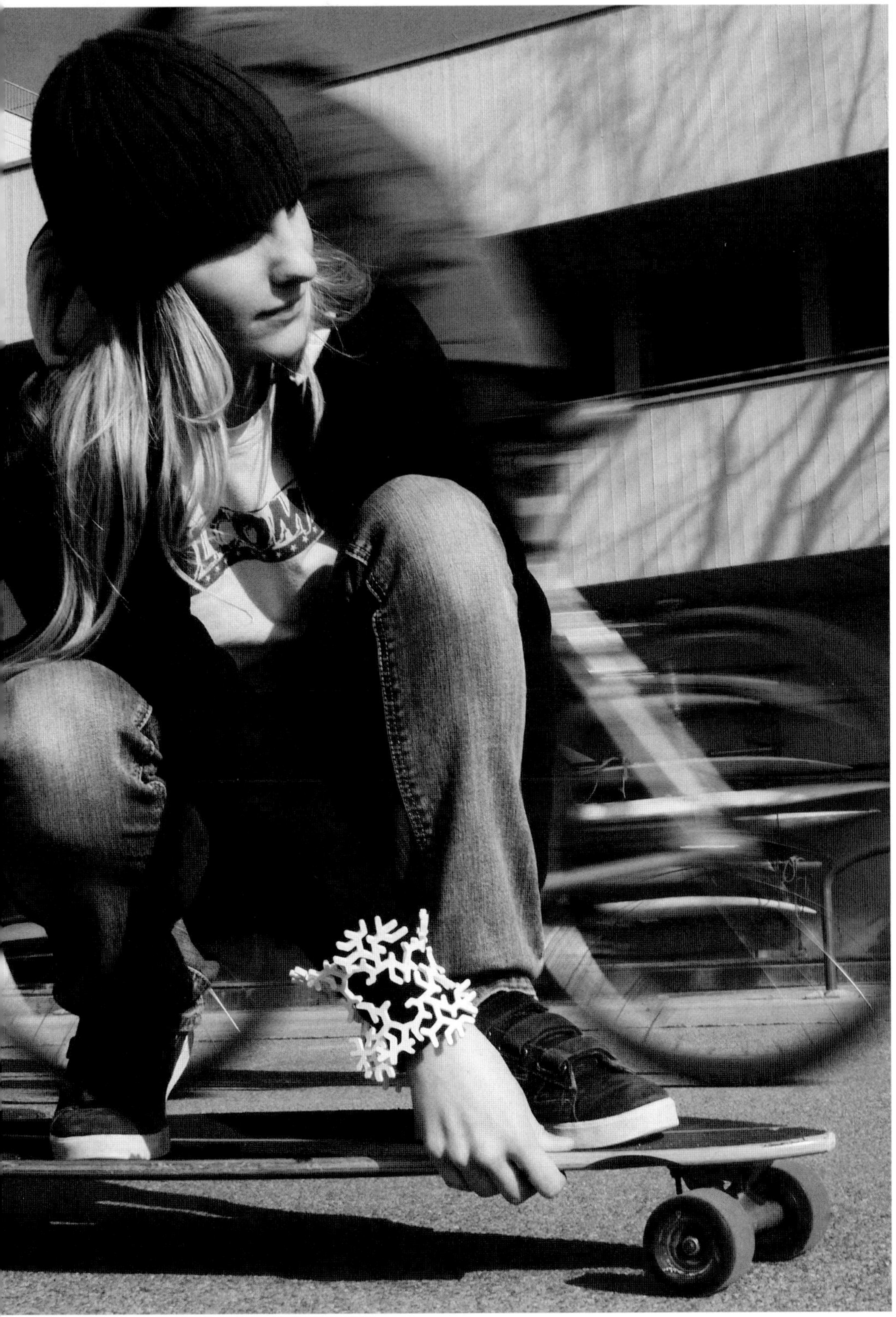

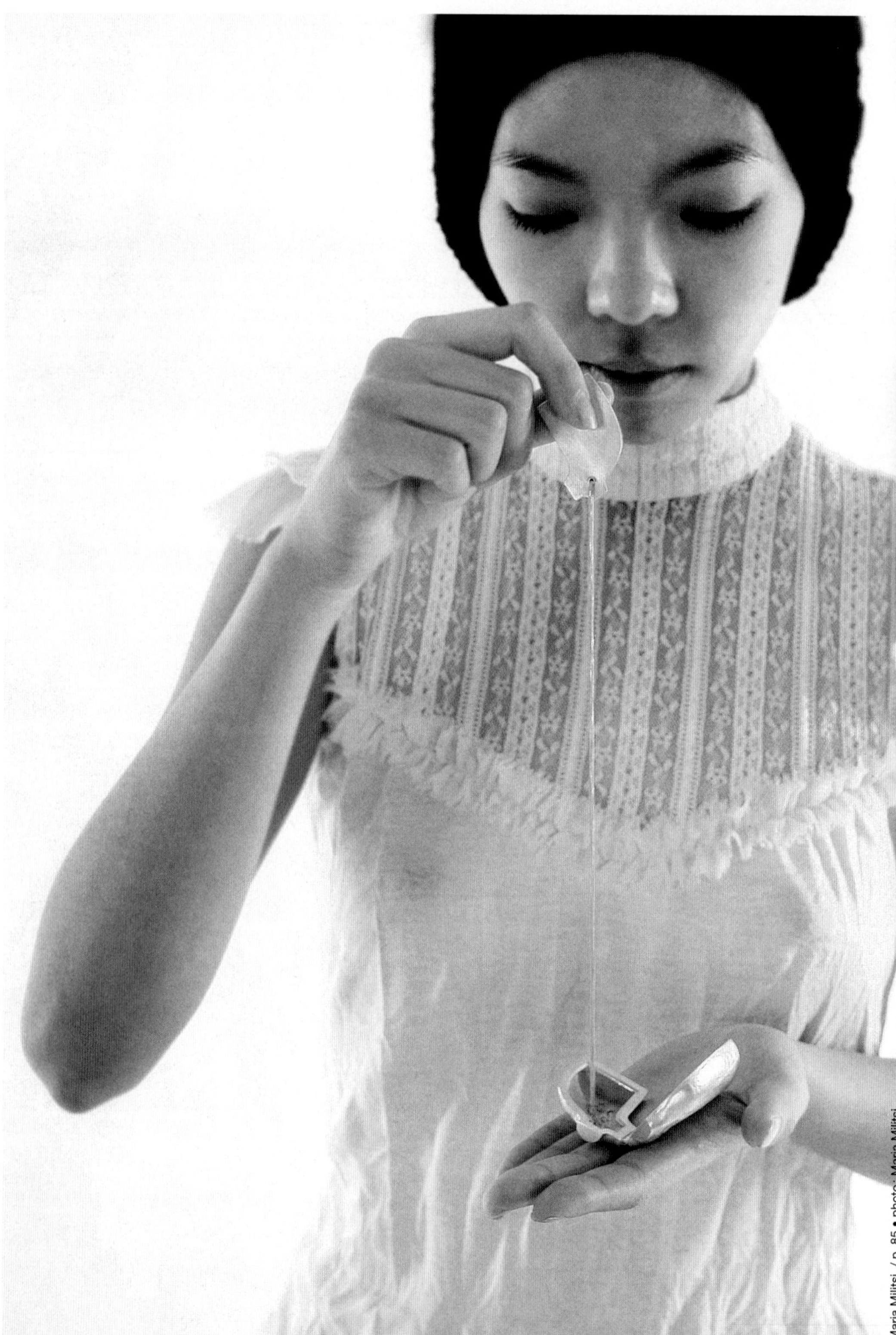

Maria Militsi / p. 85 • photo: Maria Militsi

DE MAIN À MAIN FROM HAND TO HAND

APPRENDRE ET TRANSMETTRE DANS LE BIJOU CONTEMPORAIN EUROPÉEN

PASSING ON SKILL AND KNOW-HOW IN EUROPEAN CONTEMPORARY JEWELLERY

NOTES PRÉLIMINAIRES

1. *De main à main* interroge la transmission du savoir et la filiation sur trois générations de créateurs de bijoux européens. Les chapitres de ce catalogue sont donc ordonnés sous le nom des professeurs de la première génération, auquel est associée l'école dans laquelle ils enseignent ou ont enseigné. Suivent leurs élèves (la seconde génération), du plus ancien au plus récent, et les élèves des élèves (la troisième génération).

2. Certaines écoles ont changé de nom en même temps qu'elles changeaient de statut ou proposaient une formation supérieure (bachelor ou master selon les normes actuelles). Nous avons, dans la mesure du possible, respecté le nom de l'école tel qu'il était au moment du passage du professeur ou de l'élève. Il s'agit par exemple de :

Genève
- École des arts décoratifs
- École supérieure d'arts appliqués (ESAA)
- Haute école d'arts appliqués (HEAA) depuis 1998
- Haute école d'art et de design (HEAD) depuis 2006

Zürich
- Kunstgewerbeschule der Stadt Zürich
- Schule für Gestaltung Zürich
- Höhere Schule für Gestaltung Zürich
- Hochschule für Gestaltung und Kunst Zürich (HGKZürich) depuis 2000
- Zürcher Hochschule der Künste (ZHdK) depuis 2007

Pforzheim
- Fachhochschule für Gestaltung
- Hochschule für Gestaltung
- Hochschule Pforzheim, Fakultät für Gestaltung depuis 2002

3. La déclaration de Bologne (19 juin 1999) est un accord auquel adhèrent actuellement quarante-cinq pays européens visant l'harmonisation de l'enseignement supérieur européen d'ici 2010 au moyen de plusieurs réformes. Son objectif principal est de créer un espace européen de l'enseignement supérieur, de façon à renforcer la mobilité des étudiants et des chercheurs, d'augmenter l'attractivité des études en Europe et de faciliter la reconnaissance des diplômes.

4. Sauf mention contraire, les œuvres reproduites ici appartiennent à leurs auteurs.

PRELIMINARY NOTES

1. *From Hand to Hand* queries how know-how is transmitted and examines the connection of ideas over three generations of European jewellery creators. The chapters of this catalogue are therefore listed alphabetically under the name of the teachers in the first generation, along with the school where they teach or once taught. After them come their students (the second generation), by year of class, and their students' students (the third generation).

2. Some schools changed their name at the time their status changed or offered higher training (i.e. bachelor or master along current norms). As much as possible, we have given the name of the school in use at the time teacher and student were there. For example:

Geneva
- École des arts décoratifs
- École supérieure d'arts appliqués (ESAA)
- Haute école d'arts appliqués (HEAA) since 1998
- Haute école d'art et de design (HEAD) since 2006

Zürich
- Kunstgewerbeschule der Stadt Zürich
- Schule für Gestaltung Zürich
- Höhere Schule für Gestaltung Zürich
- Hochschule für Gestaltung und Kunst Zürich (HGKZürich) since 2000
- Zürcher Hochschule der Künste (ZHdK) since 2007

Pforzheim
- Fachhochschule für Gestaltung
- Hochschule für Gestaltung
- Hochschule Pforzheim, Fakultät für Gestaltung since 2002

3. The Bologna declaration (19.6.1999) is an agreement now endorsed by 45 European member countries that focuses on harmonising European higher education by 2010 through a set of reforms. Its main objective is to create a common European level of higher education, so as to reinforce the mobility of students and researchers, to enhance the attractiveness of studying in Europe and facilitate the interstate recognition of diplomas.

4. Unless stated otherwise, the works shown in this book belong to their creators.

CAROLE GUINARD
MÒNICA GASPAR
LIESBETH DEN BESTEN

PRÉAMBULE

CAROLE GUINARD

« De main à main » cherche à cerner, par le biais d'une sélection de bijoux de créateurs européens, les liens qui se créent entre maîtres et élèves et ce qu'est la transmission d'un savoir. Ont donc été choisis comme *maîtres* des bijoutiers européens dont l'influence dans le monde du bijou contemporain est indéniable, parce que ce sont non seulement des professeurs remarquables mais aussi des créateurs marquants de leur époque. Ils sont de ceux qui ont remis en question de façon radicale le bijou conventionnel dans les années 1970 à 1980 et qui ont déclenché un processus de réflexion en même temps qu'ils revendiquaient un statut artistique.

Leurs élèves sont sur le devant de la scène depuis les années 1990. Leur formation est souvent plus longue, plus vagabonde. Ils voyagent et expérimentent le déracinement dans une école étrangère où la langue, le fonctionnement, les codes ne leur sont pas familiers. Ils y trouvent un environnement parfois déstabilisant, source de renouveau créatif. Beaucoup d'entre eux viennent ensuite enseigner dans l'école même où ils avaient appris leur métier. La troisième génération de créateurs fraîchement issus des écoles est soucieuse de diffuser son travail. Le voyage est aussi virtuel et ils savent utiliser les nouveaux médias pour courir le monde et le séduire.

Quelle influence les professeurs ont-ils sur leurs élèves ? Que souhaitent-ils transmettre ? Qu'en retirent leurs étudiants ? Ceux-ci, parfois devenus à leur tour professeurs, ont-ils le sentiment de continuer une filiation ? Le plus simple était de le leur demander. *De main à main*, c'est la main qui façonne, mais c'est aussi la main qui écrit. Les exposants ont répondu à un questionnaire sur la transmission du savoir et certaines de leurs réponses côtoient leurs créations. Ces extraits sont autant de pistes de réflexion sur la transmission du savoir qu'une mine d'informations sur les écoles et sur les changements qui y sont apparus ces vingt dernières années.

La virtuosité technique acquise de façon traditionnelle dans les ateliers ou dans les écoles professionnelles permet de réaliser des bijoux alliant prestige et valeur marchande. Dès lors que le bijou contemporain remet en cause ces valeurs, ce savoir-faire a-t-il encore un sens ? L'idée transmise à travers cet objet ne prime-t-elle pas ? Les élèves citent volontiers la découverte d'une philosophie, d'une attitude face au métier comme étant les acquis les plus importants de leur formation. Mais leurs réalisations révèlent que souvent, l'apprentissage technique précède un parcours plus intellectuel. À voir les pièces sélectionnées, fabriquées par les créateurs, on se rend compte que les deux éléments coexistent : le savoir-faire manuel reste d'actualité dans la mesure où ces bijoux témoignent d'une attention portée à la belle facture, d'un choix judicieux des matériaux, d'un plaisir certain à fabriquer un bel objet. Mais cette habileté de la main est au service de l'expression du questionnement particulier de chacun. C'est cette combinaison qui donne tout son intérêt au bijou contemporain. On peut se laisser aller au plaisir des yeux tout en y associant un agréable sentiment de titillement intellectuel.

Un bijou présenté en vitrine n'est qu'une sculpture miniature. Il lui manque son support naturel, le corps. C'est en s'adaptant au cou que le collier vit, c'est glissée au doigt que la bague se remarque, c'est fixée au vêtement que la broche devient signe identitaire. Pour pallier l'absence du corps dans l'exposition, il a été demandé aux élèves de l'École de photographie de Vevey (CEPV) de prendre en image les bijoux portés.

La préparation de cette exposition a impliqué des choix difficiles et mis en évidence quelques réalités. Ces dernières années, des écoles ont disparu; d'autres n'enseignent plus la création de bijoux, remplacée par le design industriel[1]. Certains établissements sont récents et ne peuvent pas être associés à un professeur particulier. Des écoles ne sont pas représentées ici[2], par manque de place et par souci d'équilibre. Des créateurs importants enseignent depuis trop peu de temps pour que leurs élèves aient terminé leur formation. Et le thème développé a exclu les créateurs autodidactes. Qu'ils me pardonnent tous ici leur absence: c'est le dilemme du commissaire d'exposition.

Mon plaisir étant de faire découvrir les travaux de certains de « ceux qui pensent avec les mains[3]. »

1/ La Zürcher Hochschule der Kunst, ex-Gewerbeschule de Zurich, par exemple, dont sont issus Johanna Dahm, Andi Gut, Otto Künzli, Hans Stofer et Christoph Zellweger, tous devenus enseignants de renom à Pforzheim, Munich, Londres ou Sheffield.
2/ Voir le catalogue de l'exposition « Choice » de Elisabeth Holder et Herman Hermsen en 2005 qui, sur un thème similaire à celui traité ici, permet de passer en revue les écoles allemandes et p. 132 la liste des écoles actuelles en Europe.
3/ Citation de Ramon Puig Cuyas, voir p. 117.

PROLOGUE

CAROLE GUINARD

Through a selection of jewellery by European creators, *From Hand to Hand* attempts to evaluate the bonds between master and student, as well as what the transmission of know-how involves. Masters have been selected among European jewellers whose influence in the world of contemporary jewellery is beyond discussion, not only because they are outstanding teachers but also leading creators of their time. They are the very people whose radical challenge to the conventional concept of jewellery from 1970 to 1980 triggered a new way of thinking, and who demanded recognition as artists in their own right.

Their students have been at the forefront since the 1990s. Their training often lasts longer and wanders further afield. They travel and benefit from the experience of being transplanted to a foreign school, where language, culture, and local customs are unfamiliar. The uncertainties of their new environment can sometimes be a source of creative renewal. Many return to teach in the same school where they first learned their craft, while others—the recently graduated third generation—are anxious to spread awareness of their work abroad. Travel may also be virtual, and indeed many use the latest media tools to enhance and broadcast their work.

How have the masters influenced their students? What knowledge do they wish to pass on? What have their students gained? Do the latter—some of whom are now teachers themselves—feel they maintain the links? The easiest way to find the answers was to ask them directly. The exhibitors replied to a questionnaire on the transmission of knowledge. *From Hand to Hand*, is the hand that shapes as well as the hand that writes! Some of their replies are shown beside their work. These extracts in turn offer many different insights about the transmission of know-how, and provide a wealth of information on schools and how they have changed over the past twenty years.

Technical skills learned in workshops or professional schools enable the creation of infinitely precious and prestigious jewellery of huge market value. But, since contemporary jewellery has questioned these values, can technical virtuosity still retain meaning? Is not the concept—as perceived through the object—more important now? Students often say that the discovery of a way of thinking, of a certain attitude towards their craft, is the most important part of their training. However, their works show that technical apprenticeship often precedes a more intellectual approach. The selected pieces made by creators prove that both these factors exist together. Skilled manual technique is very present, and these jewels reveal strict attention to making a finely crafted piece, a judicious choice of materials, along with an evident delight in creating a thing of beauty, with the added fillip of intellectual stimulation. Manual skill serves each jeweller's particular quest into his art. But it is the combination of technique and intellect that make a contemporary jewel distinctive and appealing.

A piece of jewellery displayed in a showcase is no less than a sculpture in miniature, but lacks its natural support, namely, the human figure. Only when worn does a necklace or a ring take on a life of its own; only when pinned to a garment does a brooch assume an identity. To make up for the missing figures in this exhibition, the students of Vevey's École de photographie (CEPV) were asked to take pictures of the jewels as they are worn.

Preparing this exhibition involved making some difficult choices, and several notable facts emerged. Over the past years, a few schools have disappeared, while others have dropped teaching creative jewellery in favour of industrial design.[1] Meanwhile, certain establishments have opened too recently to be able to connect them with a particular teacher. Due to lack of space and the need to offer a balanced view, not all schools are represented here.[2] Whereas some important creators have not been teaching long enough for their students to have finished training, and it was not possible to include self-trained creators in the present context. Such is the curator's dilemma, may all those omitted forgive me.

My particular aim and pleasure is to enable you to discover the work of some remarkable individuals who "think with their hands."[3]

1/ The Zurich Hochschule der Kunst, ex-Gewerbeschule de Zurich, for instance from which graduated Johanna Dahm, Andi Gut, Otto Künzli, Hans Stofer or Christoph Zellweger all of whom became teachers at Pforzheim, Munich, London or Sheffield.
2/ See the catalogue of the exhibition "Choice" by Elisabeth Holder and Herman Hermsen of 2005 which on a similar theme to this, lists German schools and on page 132 the list of current European schools.
3/ Quoted from Ramon Puig Cuyas p.117.

VIVENT LES DÉBUTANTS!

MÒNICA GASPAR

« Vivent les amateurs ! », s'exclamait Erik Satie, le compositeur d'avant-garde du début du XXe siècle. C'était une provocation à l'égard de ses contemporains, trop préoccupés de faire carrière en se conformant au goût dominant. Satie prônait la liberté de création et l'indépendance d'esprit, loin des académies et des styles régnants. Klee, Kafka et Rilke défendaient des points de vue analogues. Ils aimaient à se présenter comme d'« éternels débutants », toujours prêts à se remettre en question sans jamais se croire arrivés. La maîtrise du métier ne devait pas devenir une fin en soi et les empêcher de progresser encore.

Les amateurs ne sont pas seulement des débutants. Ce sont des personnes qui aiment. L'envie de commencer quelque chose, d'apprendre, de s'engager avec enthousiasme, curiosité et détermination dans une aventure personnelle, telle peut être encore aujourd'hui la motivation des maîtres et des élèves. En hommage aux débuts, la lettre « A » guidera ma réflexion.

ABC / GÉNÉALOGIE

Karl Schollmayer, directeur de la Kunst- und Werkschule de Pforzheim, a publié en 1974 un important panorama de *L'Art contemporain du bijou*[1]. Il y relatait pour la première fois la naissance quasi légendaire d'un renouveau du bijou contemporain, sous l'impulsion de plusieurs artistes, dans les départements d'orfèvrerie de diverses écoles en Europe. Hermann Jünger à Munich, Friedrich Becker à Düsseldorf, Reinhold Reiling à Pforzheim, Mario Pinton à Padoue et Max Fröhlich à Zurich comptent ainsi parmi les créateurs dont l'enseignement a renouvelé l'art du bijou au XXe siècle. Dans son livre, Karl Schollmayer distingue quatre générations successives : les « classiques » (nés entre 1900 et 1920), les « maîtres » (nés entre 1920 et 1930), les « contemporains » (nés entre 1930 et 1940) et les « jeunes » (nés après 1940). Il consacre un chapitre entier aux « maîtres », soulignant par là l'importance de leur rôle dans la transmission d'une certaine idée du bijou comme pratique artistique.

ÂGE / PASSAGE DE TÉMOIN

Les artistes représentés dans cette exposition ont exercé – ou exercent encore – une grande influence dans l'enseignement du bijou contemporain en Europe. Ils ont le titre d'enseignant, conférencier, professeur, directeur d'études ou autre, mais on ne les appelle plus « maîtres ». La plupart appartiennent à la génération des « jeunes » selon Schollmayer, c'est-à-dire des artistes nés dans les années 1940 et 1950. Johanna Dahm a étudié auprès de Max Fröhlich, Otto Künzli auprès de Hermann Jünger et Graziano Visintin auprès de Mario Pinton. Devenus professeurs à leur tour, ils refusent les connotations hiérarchiques du mot « maître », qui implique la subordination et… la maturité. De nos jours, les critères d'âge de ce que l'on appelle « jeunesse » se sont élargis. La société pousse à rester jeune, à rester au stade de débutant, dans une réactualisation constante des savoirs et des compétences. Cette situation peut devenir enrichissante ou stressante et elle risque d'aboutir à une surpopulation malsaine de la catégorie « jeune » dans notre société. Les rôles du maître et de l'élève ne sont plus liés seulement à l'âge. De même, il est de plus en plus rare de voir quelqu'un conserver son poste au sein d'une institution jusqu'à la retraite. On observe plutôt une tendance générale à la mobilité professionnelle. L'âge reste tout de même une donnée importante qui pourrait transformer le passage des générations en « télescopage des générations ».

AVENTURE / ENSEIGNEMENT NOMADE, APPRENTISSAGE NOMADE

1/ Karl Schollmayer, *L'Art contemporain du bijou*, Paris, Dessain et Tolra, 1975, version française abrégée de : *Neuer Schmuck. Ornamentum Humanum*, Tübingen, Verlag Ernst Wasmuth, 1974.

De nos jours, les élèves vont là où il y a de bons professeurs et les professeurs réputés sont invités à enseigner aux quatre coins du monde. Plus il est facile de voyager à l'étranger, plus il y a d'échanges et de diffusion des connaissances. Autrefois, pour suivre une formation, il fallait souvent effectuer une sorte de pèlerinage dans la ville où habitait un maître (qui était très rarement une femme). Le voyage lui-même contribuait toujours au développement personnel. Après une période initiatique, l'on s'en retournait chez soi instruit et peut-être « plein d'usage et raison ». Aujourd'hui, les voyages n'ont plus grand-chose d'extraordinaire et la définition du chez-soi est moins géographique qu'affective. Les maîtres et les élèves évoluent dans un paysage culturel stratifié, morcelé et métissé, où chacun prépare plusieurs expéditions de courte durée afin de se dessiner un itinéraire professionnel.

APÉRITIF / COMPÉTENCES SOCIALES

La navigation sur la Toile ne remplace pas les voyages et un forum de discussion ne vaut pas une vraie rencontre. C'est une question de présence et d'intensité. Les colloques et autres ateliers organisés sur des initiatives personnelles constituent un important lieu d'échange et de transmission des connaissances. Dans ce cadre non institutionnel, les séances de travail comptent autant que les moments passés à manger ensemble, boire un verre ou discuter. On peut apprendre presque n'importe où, n'importe quand si l'on est dans la bonne disposition d'esprit. L'espace indéterminé qui se situe entre travail et loisir favorise une autre sorte de sensibilité, qui fait une large place à l'intelligence émotionnelle et à l'aisance relationnelle. Ces qualités relèvent de ce que l'on appelle les compétences sociales, parfois aussi précieuses que les aptitudes techniques et intellectuelles.

ABRACADABRA / FABRIQUER

La possibilité de créer un objet, de mener à bien un projet de A à Z, se fait de plus en plus rare dans le monde occidental. La désindustrialisation progressive de l'Europe fait perdre la connaissance de la façon dont les choses se fabriquent vraiment. Il n'est peut-être pas suffisant pour un étudiant d'apprendre à créer un objet s'il n'a pas la possibilité de le réaliser concrètement, seul ou en équipe, en utilisant des procédés traditionnels ou de pointe. C'est là qu'entre en jeu le savoir-faire, ce capital créatif que chacun possède mais qui est difficile à partager ou à communiquer car il s'acquiert uniquement par l'expérience. C'est pourquoi la pratique artisanale constitue un défi pour les nouveaux cursus d'études car, à l'ère du système européen d'équivalences ECST, on n'a presque plus le temps de transmettre les savoir-faire et autres connaissances « lentes » qui reposent sur l'expérience personnelle. Apprendre à *faire*, cela demande du temps, le temps de tâtonner, de prendre des risques, d'avoir le droit à l'erreur. Pas de trucage, pas de raccourci.

ATTITUDE / RECOMMENCER

Ces derniers temps, quelques artistes du bijou ont privilégié la matérialité brute et la densité des objets, ou alors ils ont opté pour l'esthétique du bricolage en donnant une apparence volontairement éphémère, fragile et même inachevée à leurs créations. Une sorte d'excellence « low-tech » semble constituer la nouvelle maîtrise dans le bijou contemporain. Les œuvres des « nouveaux jeunes » traduisent des préoccupations qui révèlent leur sens des responsabilités inhérentes à la production culturelle et leur perception aiguë du contexte socio-économique. Ainsi attentifs au monde, maîtres et élèves avancent main dans la main sur le terrain du bijou contemporain, dans une relation symbiotique qui est sans cesse à réinventer.

LONG LIVE THE BEGINNERS!

MÒNICA GASPAR

"Long live the amateurs!" used to exclaim Erik Satie, an avant-garde music composer from the beginning of the last century. With this statement he provoked his contemporaries, who were too concerned with establishing themselves and seeking recognition by the predominant taste. Satie believed in the freedom of creativity and the independence of the spirit, not subject to the rules of any style or academy. Klee, Kafka and Rilke had similar agendas and liked to define themselves as "permanent beginners": never become an expert, question yourself constantly. These positions were criticising the negative side of mastership as a static goal, which once achieved did not progress any further.

Amateurs are not just beginners but also people that love (*aimer*) to do something. To love to start, to love to learn, to love to take a personal journey with enthusiasm, curiosity and determination can be, still, the inspiration for teaching and learning today. In order to honour the beginnings, "A" will lead my thoughts.

ABC / FAMILY TREE

The director of the Kunst-und-Werkschule in Pforzheim, Karl Schollmayer, published in 1974 the book *Neuer Schmuck. Ornamentum Humanum*. For the first time the author narrated the almost legendary beginnings of the "movement of contemporary jewellery", when several prominent jewellery-artists planted the seed of innovation at the Metal Departments of several European schools. Hermann Jünger in Munich, Friedrich Becker in Düsseldorf, Reinhold Reiling in Pforzheim, Mario Pinton in Padova or Max Fröhlich in Zurich count among the pioneering teachers of contemporary jewellery. The book offered a generational classification of the artists, presented in the following chapters: "the classics" (born between 1900 and 1920), "the masters" (born between 1920 and 1930), "the contemporaries" (born between 1930 and 1940), and "the young" (born after 1940). By dedicating a separate chapter to the masters (teaching artists), Schollmayer emphasised the relevance of their position as personalities, who would ensure the transmission of a certain way of understanding jewellery as artistic practice.

AGE / RELAY RACE

The selected artists for the current exhibition have had, and some still have, a very influential role in contemporary jewellery education in Europe. They are called teachers, lecturers, professors, heads of department, but one does not call them "masters" anymore. Most of them belong to "the young" generation as defined by Schollmayer, i.e. being born in the 1940s and 1950s. Johanna Dahm learned from Max Fröhlich, Otto Künzli from Hermann Jünger or Graziano Visintin from Mario Pinton. They learned from masters but they did not necessarily become masters as well or in a similar way. It seems that the word "master" has too strong hierarchic implications that suggest subordination and... being old. Today, the age-parameters of what one calls "youth" have been stretched. There is a social pressure to stay young, to stay in the beginner stage, in a constant recycling of knowledge and skills. This situation can be enriching or stressful and it may lead to a neurotic over-population of the "young sector" in today's society. Age alone is not connected any more with the roles of teaching and learning. In the same way, growing old holding a life-long post in any institution is an increasingly rare situation, since the general tendency shows a higher professional mobility and flexibility. Nevertheless, age is still an issue that can turn the generational flow into a "generational jam".

ADVENTURE / NOMADIC TEACHING, NOMADIC LEARNING

Today students travel to where the best teachers are and teachers with good reputation are invited to teach everywhere. The possibility to move around the globe on low budgets has created new opportunities for community sharing and the acquiring of knowledge. In the old days learning involved often a pilgrimage to the place where a master lived, in order to learn under his, very occasionally her, guidance. The adventure of the journey has always been part of personal growth. After an initiatic period one used to come back home with skills and maybe more wisdom. Today, travelling has lost part of its extraordinariness and home has become more of a feeling rather than a place. Students and teachers are immerse in a multilayered, fragmentary and hybrid cultural landscape, where everybody plans several short-termed expeditions in order to design their professional path.

APPERITIF / SOFT SKILLS

Travelling is not the same as surfing the internet, and e-chatting is not the same as meeting someone personally. It is a question of presence and degree of intensity. Workshops and symposia organized now and then by individual initiatives have proved to be important sites for discussion and transfer of knowledge. In the non-institutionalised frame of an artist workshop or a symposium, the working sessions have the same weight as the leisure time dedicated to eating, drinking and socialising. With the right attitude, one can learn almost anywhere, any time. In the undefined space between work and leisure another kind of awareness is developed, where emotional intelligence and social talent play an important role. These abilities belong to the so called soft skills, which sometimes are as valuable as the technical and conceptual ones.

ABRACADABRA / MAKING THINGS

To be able to create an object, to realise a project single-handedly, from the idea to its materialisation, is an increasingly rare experience in the western world. The process of de-industrialisation in Europe leads to a loss of presence and understanding of how things are made. For a student it may not be enough to know how to make an object if one is not able to create facts and materialise it, be it by using traditional techniques or by adopting the latest technologies, either assuming the full process of realisation or working in a team. At this crucial moment tacit knowledge comes into play: this kind of knowledge is a creative capital that everybody owns but it is difficult to share and transmit, since it is acquired through personal experience. Therefore, craft-based practices represent a challenge for new educational programs, since in "ECTS-land" there is almost no time to transmit tacit knowledge and other "slow" processes based on personal experience. To learn to MAKE things takes time indeed, time for experimenting, taking risks, trying and failing. No tricks, no short-cuts.

ATTITUDE / START AGAIN

In the past years, some jewellery artists have emphasised the materiality, rawness and density of objects or they have created explicitly ephemeral, fragile and incomplete objects following DIY aesthetics. A kind of "low-tech" excellence seems to be the new mastership in contemporary jewellery. The responsibility that goes along cultural production and the awareness of the socio-economical context in which one works become visible in the concerns and sensitivity of the works of the "new young ones". With this reflective view on the world, teachers and students progress, hand in hand, through the field of contemporary jewellery and feature a symbiotic tandem to be defined again and again.

D'ÉCOLE EN ÉCOLE

LIESBETH DEN BESTEN

Une exposition consacrée aux professeurs et élèves européens du bijou contemporain ne présente pas forcément des écoles. À l'heure actuelle, il serait difficile de trouver en Europe une école du bijou, portant la signature de certains maîtres en particulier, mais aussi caractérisée par son ancrage territorial, son histoire, ses traditions et les ressources locales en matériaux (et compétences), et dont l'identité s'est affirmée grâce à l'isolement géographique, politique ou linguistique. Le département du bijou de la Burg Giebichenstein, l'école supérieure d'art et de design de Halle, dans l'ex-RDA, en offrait un exemple avant 1989. Étant donné la situation politique de l'époque, la ville de Halle restait en dehors de tous les échanges d'informations et d'idées. Sous l'impulsion de Dorothea Prühl, qui y a enseigné de 1972 à 2002, le département du bijou a formé bien des élèves dans la tradition de la Burg aisément reconnaissable. Si l'on évoque une « insistance sur la forme sculpturale et l'observation de la nature [1] », ou encore la rigueur, le dépouillement et l'abstraction, on aura tout juste commencé à expliquer l'atmosphère et le style qui font la singularité de l'école de la Burg.

C'est à Padoue que l'on découvre le dernier exemple européen d'école du bijou au sens indiqué plus haut. Une autre sorte d'isolement est intervenue ici. Traditionnellement, l'Istituto statale d'arte « Pietro Selvatico » attire des élèves de Padoue et du reste de la Vénétie parce qu'ils sont plus familiarisés avec la culture locale et le dialecte vénitien. L'école de Padoue se distingue par une prédilection pour l'or et les métaux en général, la géométrie, les constructions complexes modulables et les surfaces polychromes ou rehaussées de quelque autre façon. Plusieurs générations de professeurs ont transmis ces connaissances aux jeunes créateurs de bijoux italiens (depuis 1944 : Mario Pinton, Francesco Pavan, Giampaolo Babetto et Graziano Visintin).

Ailleurs en Europe, les traditions et savoir-faire aussi clairement identifiables semblent avoir disparu ou subi une élimination volontaire depuis le début des années 1970. Le seul pays au monde où j'ai pu observer une homogénéité analogue du style, des idées, des matériaux et des techniques est la Nouvelle-Zélande, une société biculturelle dont l'isolement géographique a consolidé l'attachement aux spécificités territoriales et à l'héritage ancestral. Beaucoup de créateurs de bijoux privilégient les matériaux d'origine locale comme le jade, le jaspe, la fibre de lin, les coquillages ou la nacre et les techniques traditionnelles qu'ils réinterprètent sur un mode contemporain parfois porteur d'un message politique. Assez curieusement, cette école néo-zélandaise n'est liée à aucun établissement d'enseignement artistique bien précis.

Mais que s'est-il passé en Europe ?

PETITESSE ET DIFFÉRENCE

Par sa nature même, le bijou appartient à un domaine créatif restreint et de plus en plus international. Depuis des décennies, les maîtres et les élèves voyagent de par le monde, contribuant à la diffusion d'un style international du bijou. Les anciens centres de bijouterie européens (Pforzheim, Munich, Londres et Amsterdam) se sont disséminés et d'autres ont vu le jour un peu partout en Europe. Au cours des dix dernières années, de nombreuses institutions se sont dotées d'un département de bijouterie-joaillerie. Celles qui en abritaient déjà un l'ont réorganisé selon les nouvelles normes internationales. Vers 1970, les bijoux possédaient une identité nationale évidente. Les œuvres hollandaises, anglaises ou allemandes avaient des origines différentes et se présentaient comme telles dans les expositions et les catalogues. Le bijou hollandais était plutôt abstrait, avant-gardiste, épuré, réalisé en matériaux industriels d'usage courant. Le bijou anglais avait un côté spectaculaire, plus ou moins théâtral, vivement coloré et dynamique, tandis que le bijou allemand mariait le précieux au contemporain dans une recherche formaliste. Ces catégories stéréotypées laissaient de côté les artistes qui avaient adopté une démarche toute personnelle. À présent, la situation a changé du tout au tout. Les personnalités s'affirment et les identités nationales s'effacent. Il est difficile de dire si tel ou tel bijou a été réalisé en Suisse, en Estonie, aux Pays-Bas, en Espagne, en Finlande, en Allemagne, en Suède, au Portugal, en Angleterre, en Belgique ou ailleurs. Toutes ces créations participent du grand métissage des tendances européennes.

Les professeurs jouent un rôle déterminant. Ils enseignent souvent à l'étranger et attirent des élèves de tous les pays. On rencontre à travers toute l'Europe des étudiants venus de contrées aussi diverses que l'Europe de l'Est, le Japon, Taïwan, la Thaïlande, la Corée, la Chine, la Colombie, le Brésil, le Mexique, l'Argentine, l'Australie, les États-Unis et même l'Arabie saoudite. Ceux qui prolongent leur séjour exercent une influence autour d'eux. La plupart des artistes ont besoin de s'éloigner de leur pays pour méditer sur des thèmes étroitement liés à leur culture d'origine. Tous ces phénomènes peuvent avoir des conséquences déroutantes en fin de compte. C'est ainsi que l'exposition itinérante intitulée « Golden Clogs, Dutch Mountains – Bijoux contemporains de Hollande », présentée en 2007-2008 aux États-Unis et au Canada, réunit les œuvres de femmes artistes dont cinq sur onze seulement sont originaires des Pays-Bas. Les six autres sont des Allemandes apparemment néerlandisées[2]. Que veut dire « de Hollande » dans ce contexte ?

LE CREUSET EUROPÉEN

Les parcours menant d'école en école sont la conséquence de l'aspiration à l'épanouissement personnel et de l'élargissement des frontières artistiques. Les étudiants d'autres horizons culturels et nationaux, venus s'imprégner d'un savoir différent, incarnent eux-même la différence. Tandis que le monde s'uniformise (le monde comme village planétaire), la diversité ne cesse d'augmenter à l'échelon local[3]. Dans le domaine du bijou, cela signifie que chaque pays a ses créateurs minimalistes, formalistes, conceptuels et figuratifs, et que partout on utilise l'or, le fer, la laine, le plastique, les pierres plus ou moins précieuses. On pourrait donc parler de « bijoux du creuset européen ».

L'exposition « De main à main » illustre bien cette notion, surtout si l'on regarde la plus jeune génération, qui a pleinement profité de la cyberculture, des transports aériens bon marché et de l'éventail des formations offertes. Gemma Draper (Espagne), Nelli Tanner (Finlande), Julie Usel (Suisse), Noémie Doge (Suisse) et Adam Grinovich (États-Unis) ont étudié à l'étranger. D'autres, comme Mac Monzó (Espagne), Julie Cook (Grande-Bretagne) et Sónia Graça (Portugal), n'ont pas eu besoin de sortir de leur pays pour trouver leur propre langage universel, qui est en même temps tellement européen.

Dans le film *Heimatklänge* (2007)[4], Stefan Schwietert met en scène trois chanteurs suisses qui s'inspirent du jodel pour créer des musiques contemporaines. Ces chants alpins traditionnels ont eu longtemps des connotations suspectes mais le film les réhabilite en dévoilant la beauté de ce moyen d'expression qui s'avère aussi une source d'inspiration féconde. Trouver une manière moderne de jodler dans un contexte actuel, c'est un objectif respectable en ces temps de mondialisation où tout s'uniformise de jour en jour. Quand cette aspiration à l'authenticité gagnera-t-elle la scène du bijou contemporain ?

1/ *13 Colliers: Schmuck von Dorothea Prühl / 13 Necklaces: Jewellery by Dorothea Prühl*, Halle, 2000, p. 33.
2/ La commissaire de l'exposition, Andrea Wagner, qui fait partie des exposantes, est d'origine germano-canadienne et établie à Amsterdam depuis 1994.
3/ Cette vision des choses s'inspire librement du sociologue hollandais Abram de Swaan.
4/ Titre français : *L'Air du pays* [Ndtr].

ACADEMY-HOPPING

LIESBETH DEN BESTEN

An exhibition about European teachers and students in jewellery is not necessarily an exhibition about schools, as such. In Europe today it is hard to find a jewellery school in the sense of a specific body of knowledge, dependent not only on individual teachers, but also on factors such as a sense of place, history, tradition, and availability of materials (and skills), intensified by isolation, whether geographically, politically or through language.

The jewellery class of the Burg Giebichenstein Hochschule für Kunst und Design in Halle (former DDR), used to be such a place before 1989. As a result of the political regime at the time, Halle was isolated in terms of information and the exchange of ideas. Under the leadership of Dorothea Prühl, who taught there in the period from 1972 to 2002, students were formed in the "Burg tradition", which is clearly recognisable, and may be summarised as "a focus on sculptural form and the study of nature",[1] as well as in constraint, minimisation, and abstraction—words that can only begin to explain the obvious atmosphere and style of these Burg jewels.

In Padua (IT) we can find the last remaining European example of a jewellery school in the sense described above. However, it is subject to another kind of isolation. Traditionally, the state-run Istituto Statale d'Arte Pietro Selvatico in Padua has mainly attracted students from Padua and the Veneto region—a phenomenon linked to a sensibility of place, and a familiarity with local language and culture. The school of Padua is characterised by a preference for gold and other metals, geometrical forms, intricate and flexible constructions, and coloured or otherwise treated surfaces. Several generations of teachers (since 1944: Mario Pinton, Francesco Pavan, Giampaolo Babetto, and Graziano Visintin) have handed this information down to young Italian jewellers.

Elsewhere in Europe this awareness of a specific tradition and craftsmanship seems to have dwindled into extinction, or has been deliberately banished—an ongoing process since the early 1970s. The only country in the world where I found a similar coherence in ideas, style, materials, and skills is New Zealand, where people combine a strong sense of place with an awareness of ancestry, due to the bicultural character of this geographically isolated society. Many jewellers prefer to work with indigenous materials like jade, jasper, flax (plant fibre), shells and mother of pearl, using traditional skills, in a contemporary and sometimes even political way. Strangely enough this "New Zealand school" is not connected to a specific art school.

But what happened in Europe?

SMALLNESS AND OTHERNESS

By its very nature, art jewellery is a "miniature" domain, but it is also an increasingly international one. For decades teachers and students have travelled the world, contributing to an international style of jewellery. The former European centres of jewellery (Pforzheim, Munich, London, Amsterdam) have scattered, and new centres have arisen all over Europe. During the last decade new schools and jewellery departments have been founded, while existing institutions have adjusted to an international standard. Around 1970 national identities in jewellery were clear. Dutch, British, and German work came from different sources, and was promoted as such in exhibitions, catalogues, and so on. Dutch jewellery was abstract, radical, plain and made of cheap industrial materials; British jewellery was colourful, flexible, and had a more or less theatrical, staged character; while German jewellery was rather formal and combined precious and contemporary materials. Such were the truths and the clichés of those days, neglecting all the individual designers who followed their own path. Today, this situation has completely changed: we can discern individuals, but hardly any "national" identities, such that we no longer bother to distinguish whether a piece of jewellery is made in Switzerland or Estonia, Holland or Spain, Finland or Germany, Sweden, or Portugal, England or Belgium—it all belongs to this European "fusion kitchen" of jewellery.

At any event, the role played by teachers is crucial: they travel to teach in other countries, and they also attract students from abroad. Consequently, foreign students are to be found at academies all over Europe, and they come from all corners of the globe: eastern Europe, Japan, Taiwan, Thailand, Korea, China, Colombia, Brazil, Mexico, Argentina, Australia, the United States—and even from Saudi Arabia. Furthermore, those who stay after their course terminates tend to influence the place where they choose to live. Most foreign artists find this distance from their country of origin useful for reflecting on themes connected with their homeland, with the result that this converging development confounds their identity. A current travelling jewellery exhibition in the US entitled 'Golden Clogs, Dutch Mountains – Contemporary Young Dutch Jewelry Art',[2] shows the work of eleven women artists, of whom a only five are actually Dutch by birth, the rest being German and apparently "Dutchified"—a fact that raises the question of what "Dutch" means in this context.

1/ Catalogue *13 Colliers: Schmuck von Dorothea Prühl / 13 Necklaces: Jewellery by Dorothea Prühl*, Halle/Saale 2000, p. 33.

2/ The exhibition is curated by Andrea Wagner, who originates from Germany/Canada and who has been living in Amsterdam since 1994.

3/ I took this vision freely from the Dutch sociologist Abram de Swaan.

THE EUROPEAN MELTING POT

Academy-hopping is the consequence of a longing for self-development and a means for stretching one's artistic boundaries. Students with a different cultural and national background who come to drink in knowledge of "otherness" are the embodiment of otherness themselves. While the world becomes steadily more uniform—becoming one huge "global village"—paradoxically, each place is increasing in *variety*.[3] Where jewellery is concerned, this means that each country has its minimalists, its formalists, its conceptualists and narrators; while gold and iron, wool and plastic, stone and gems are used everywhere. The result is a sort of "European melting-pot jewellery".

The exhibition *From Hand to Hand* illustrates what this process means in real terms—particularly as concerns the latest generation of designers, who benefit from IT culture, low-cost flights, and myriad educational opportunities. Gemma Draper (ES), Nelli Tanner (FI), Julie Usel (CH), Noémie Doge (CH), and Adam Grinovich (US) all studied outside their respective homelands. Whereas others who did not, such as Marc Monzó (ES), Julie Cook (GB), and Sónia Graça (PT), did not need to travel physically to find their own individual language, which is at the same time essentially European.

In the movie *Heimatklänge* (2007) by Stefan Schwietert, three Swiss musicians make contemporary music inspired by yodelling. This typically Alpine form of folk music has been snubbed for decades, and through the movie it becomes not only acceptable, but a beautiful medium that offers a versatile source of inspiration. How to yodel in a *modern* way and *in context* offers an inspirational metaphor, in an increasingly globalised world where uniformity is all-pervasive. A metaphor for authenticity. When will this yearning for authenticity begin to touch the jewellery scene?

ONNO BOEKHOUDT

GERRIT RIETVELD ACADEMIE, AMSTERDAM, NL

- ANNELIES PLANTEIJDT
- RIAN DE JONG
- MASAKO HAMAGUCHI
- LUCY SARNEEL
- CRISTINA FILIPE
  - SÓNIA GRAÇA

«Ce fut une période dense et très agitée, mais au bout de deux ans, j'avais vraiment accumulé assez d'énergie, d'enthousiasme et d'informations pour tenir longtemps et je savais qu'il ne me restait plus qu'à réaliser un travail personnel à présent, que l'heure était venue de rentrer en Hollande avant que l'influence puissante de Pforzheim ne devienne trop forte.» (Propos rapportés par James Evans, «Onno Boekhoudt», *Kunsthåndverk*, n° 58, 3/1995, p. 33.)

«C'était vraiment un environnement très pauvre parce que, à cette époque, on avait une salle, des établis et c'est tout. [...] Dans cette atmosphère, quand on créait ou achevait quelque chose, tout le monde s'y intéressait. Le voisin s'y intéressait, le professeur (Reinhold Reiling) s'y intéressait et l'impression qui dominait, c'était que tout le monde réalisait des choses nouvelles.» (*Ibid.*, p. 34.)

«Onno a laissé des traces et influencé de nombreux élèves mais il n'a pas créé de ‹style› pour autant, ni d'‹école› de bijoutiers qui auraient suivi son enseignement.» (Christoph Zellweger.)

"It was a very intense, very hectic time, but after 2 years I really was filled with enough energy, enthusiasm and information to last for a long time, and I knew that I just had to make my own work now and that the time has come to return to Holland before this very strong influence of Pforzheim became too strong..." (Quoted from James Evans, "Onno Boekhoudt", *Kunsthåndverk*, n° 58, 3/1995, p. 33).

"It was really a very poor environment because at that time the school only had a room and benches, that is all [...] But in this atmosphere when you finished something or you made something everybody was interested. Your neighbour was interested, your teacher (Reinhold Reiling) was interested, and the feeling that we were all developing something or making something new was prevalent." (Ibid., p. 34).

"Onno left traces, influenced many students, however, he did not create a 'style' or 'school' of practitioners who followed his teaching."
(Christoph Zellweger).

1944–2002, NL
Formation education • 1963–66 MTS Vakschool Schoonhoven, NL • 1966–68 étudiant invité de guest student of Reinhold Reiling, Pforzheim, DE
Enseignement teaching • 1974–90 Gerrit Rietveld Academie, Amsterdam • 1984–2002 Constantijn Huygens Hogeschool voor de Kunsten, Kampen, NL
• 1990–2002 Royal College of Art, London

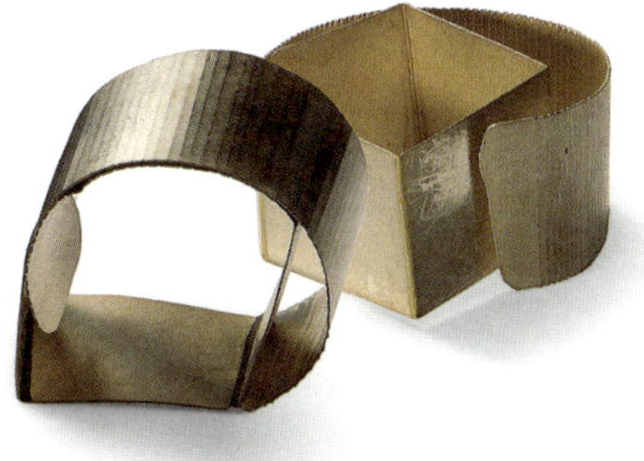

Bagues rings / 1982 / argent, or, cuivre silver, gold, copper / 20 x 10 mm / collection Coda Museum, Apeldoorn, NL

ANNELIES PLANTEIJDT

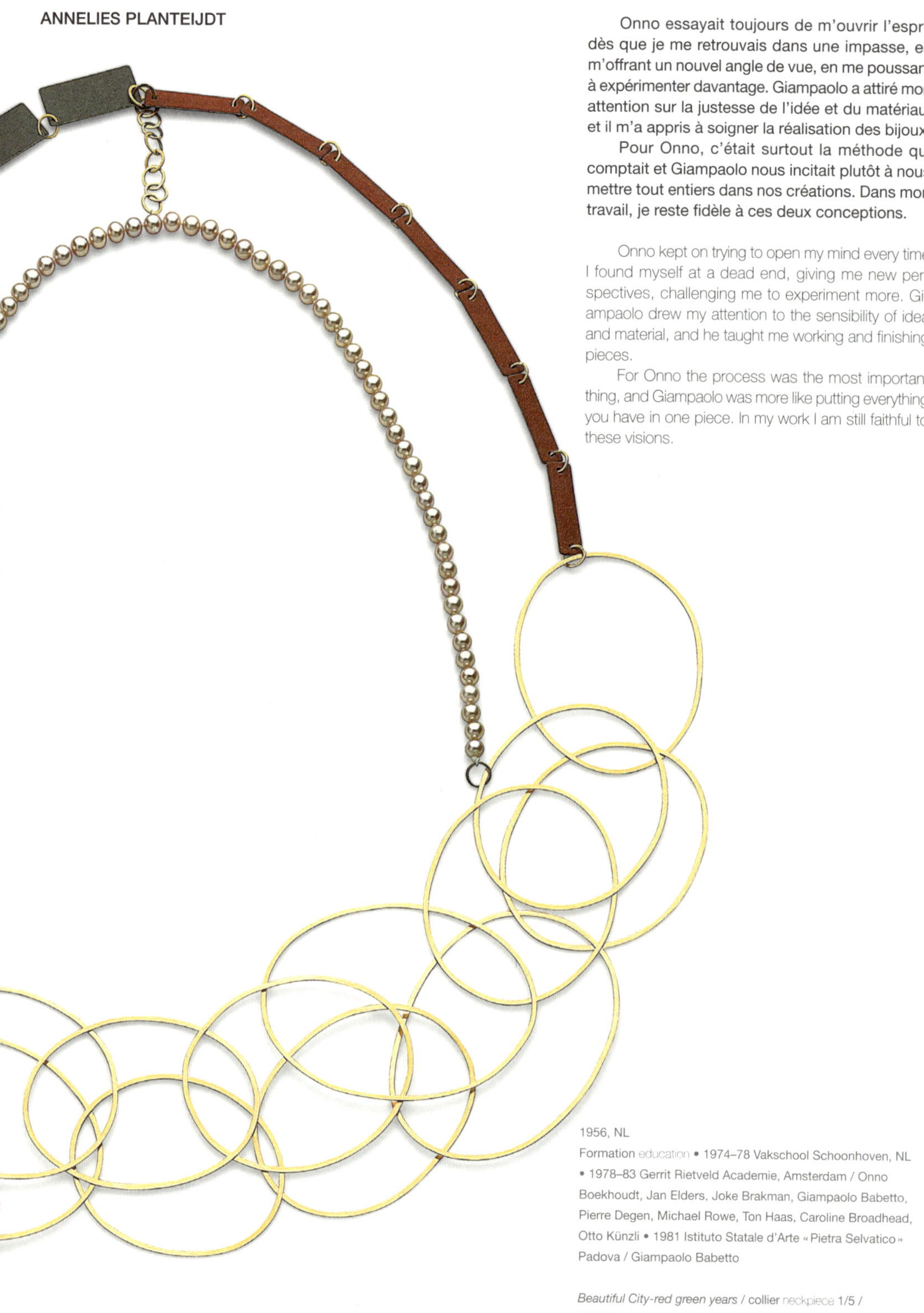

Onno essayait toujours de m'ouvrir l'esprit dès que je me retrouvais dans une impasse, en m'offrant un nouvel angle de vue, en me poussant à expérimenter davantage. Giampaolo a attiré mon attention sur la justesse de l'idée et du matériau, et il m'a appris à soigner la réalisation des bijoux.

Pour Onno, c'était surtout la méthode qui comptait et Giampaolo nous incitait plutôt à nous mettre tout entiers dans nos créations. Dans mon travail, je reste fidèle à ces deux conceptions.

Onno kept on trying to open my mind every time I found myself at a dead end, giving me new perspectives, challenging me to experiment more. Giampaolo drew my attention to the sensibility of idea and material, and he taught me working and finishing pieces.

For Onno the process was the most important thing, and Giampaolo was more like putting everything you have in one piece. In my work I am still faithful to these visions.

1956, NL

Formation education • 1974–78 Vakschool Schoonhoven, NL • 1978–83 Gerrit Rietveld Academie, Amsterdam / Onno Boekhoudt, Jan Elders, Joke Brakman, Giampaolo Babetto, Pierre Degen, Michael Rowe, Ton Haas, Caroline Broadhead, Otto Künzli • 1981 Istituto Statale d'Arte « Pietra Selvatico » Padova / Giampaolo Babetto

Beautiful City-red green years / collier neckpiece 1/5 / 2004 / or jaune, tantale, titane, perles roses, rouge, vert yellow gold, tantalum, titanium, pink pearls, red, green / 500 x 300 mm

Je ne pense pas être fidèle à mes professeurs. J'ai beaucoup de respect pour eux mais je suis surtout fidèle à ce que je fais. Il faut être centré sur son propre travail, sinon on se contente de suivre au lieu de créer. [...]

L'intimité que j'ai avec une pièce pendant que je la travaille est quelque chose de précieux et j'espère qu'il en est de même pour celui qui la regarde ou celui qui la porte.

I do not think I am faithful to my teachers, I respect them very much, but I am faithful to my own work. You have to be self-centred in your work, otherwise you are following instead of creating. [...]

For me the intimacy you have with the piece while making it is precious and I hope that this is the same for the spectator or the wearer.

1951, NL
Formation education • 1979–85 Gerrit Rietveld Academie, Amsteram / Marion Herbst, Onno Boekhoudt
Enseignement depuis teaching since • 1992 ateliers, professeur invitée workshops, guest teacher

Broche brooch / 2007 / porcelaine, cuivre bone china, copper / 40,5 x 61,5 x 10 mm

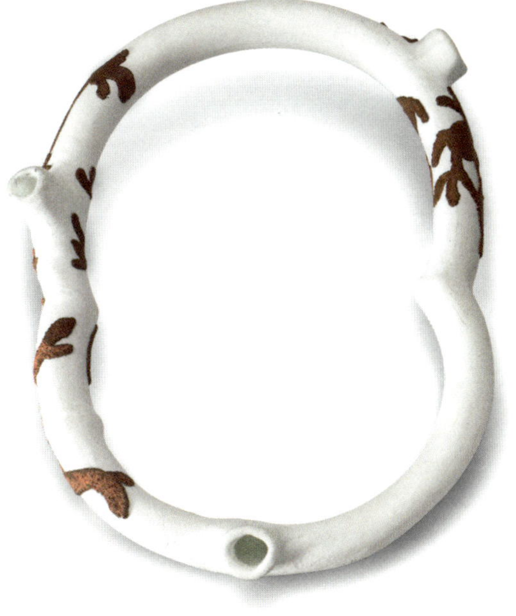

MASAKO HAMAGUCHI

Onno insistait sur l'importance de rester soi-même. En sortant du système d'enseignement et d'apprentissage plus strict d'une université américaine, la grande liberté que nous avions à la Rietveld dans la classe d'Onno était étonnante et, à vrai dire, déroutante. Quand je remonte vingt ans en arrière, je vois bien qu'elle était destinée à me faire devenir un artiste capable d'avoir des idées originales.

J'en suis toujours à chercher ce qu'est la bijouterie. [...] Je vérifie mes théories en créant des objets. Au fond, je cherche à savoir qui je suis.

Onno insisted on the importance of being true to oneself. Coming out from a more regimented system of teaching/learning at an American University, the amount of freedom given us at Rietveld under Onno was astonishing, and frankly, challenging. Looking back 20 years on, I can see that it was designed to make me grow into an independently thinking artist.

I am still in search of what jewellery is. [...] I test out my theories by making pieces. Ultimately I am searching for who I am.

1963, JP

Formation education • 1981–85 University of Michigan, US / Hiroko et and Gene Pijanowski • 1985–88 Gerrit Rietveld Academie, Amsterdam / Onno Boekhoudt, Joke Brakman • 1986 Internationale Sommerakademie für Bildende Kunst, Salzburg, AT / Johanna Dahm

Enseignement teaching • 1991–94 Hiko Mizuno College of Jewellery, Tokyo • 2000–04 Middlesex University, London • Depuis since 2003 Jewellery Department, City Literary Institute, London

Legal Alien / A History of Modern Art
série series *Charm* / broches brooches / 2006 / bronze plaqué or, mots gravés gold plated bronze, words / ø 68 mm

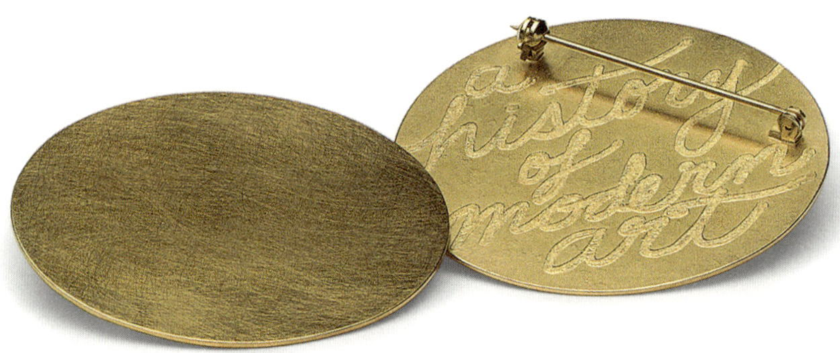

LUCY SARNEEL

Je crois que la création n'est pas dans ce que l'on réalise mais dans l'acte créatif lui-même.

I think making something is not about achieving but about the process of creating in itself.

1961, NL
Formation education • 1982–85 Stadsakademie Maastricht, NL • 1985–89 Gerrit Rietveld Academie, Amsterdam / Onno Boekhoudt, Joke Brakman, Ger Zijlstra

Broche brooch / 2007 / zinc, textile sur caoutchouc, bois, argent (épingle) zinc, textile on rubber, wooden knob, silver (pin) / 150 x 180 x 30 mm

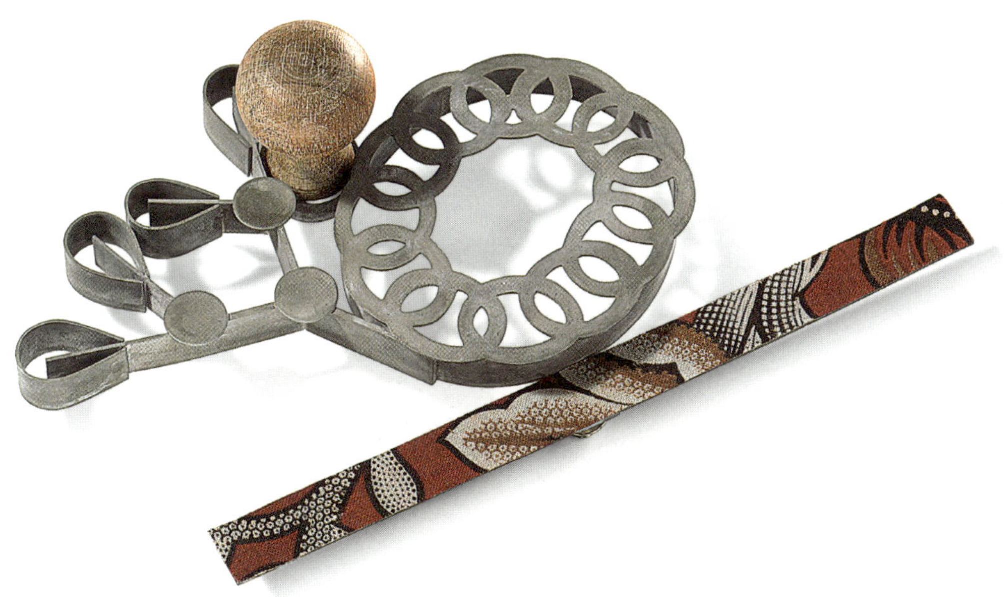

CRISTINA FILIPE

C'est à l'Ar.Co que j'ai commencé à découvrir le bijou contemporain et à la Rietveld que j'ai enfin donné un sens et une direction à mon travail. Onno reste une référence importante. Surtout lorsque j'enseigne, je pense souvent à son attitude envers la bijouterie. Il a encore des choses à m'apprendre.

Ar.Co is where I started to discover contemporary jewellery and Rietveld, where I finally found a meaning and a direction to my work. Onno is an important reference; especially when I am teaching, I often think about his attitude towards jewellery. I am still learning from him.

1965, PT
Formation education • 1983–87 Ar.Co, Centro de Arte e Comunicação Visual, Lisboa / Tereza Seabra • 1987–88 Gerrit Rietveld Academie, Amsterdam / Onno Boekhoudt, Joke Brakman • 1992 Royal College of Art, London / David Watkins, Michael Rowe, Onno Boekhoudt
Enseignement depuis teaching since • 1988 Ar.Co, Lisboa • 2001–07 Escola Superior de Artes e Design, Porto

10 rings / 1991 / ardoise, fer slate, iron / 10 x (70 x 70 x 10 mm)

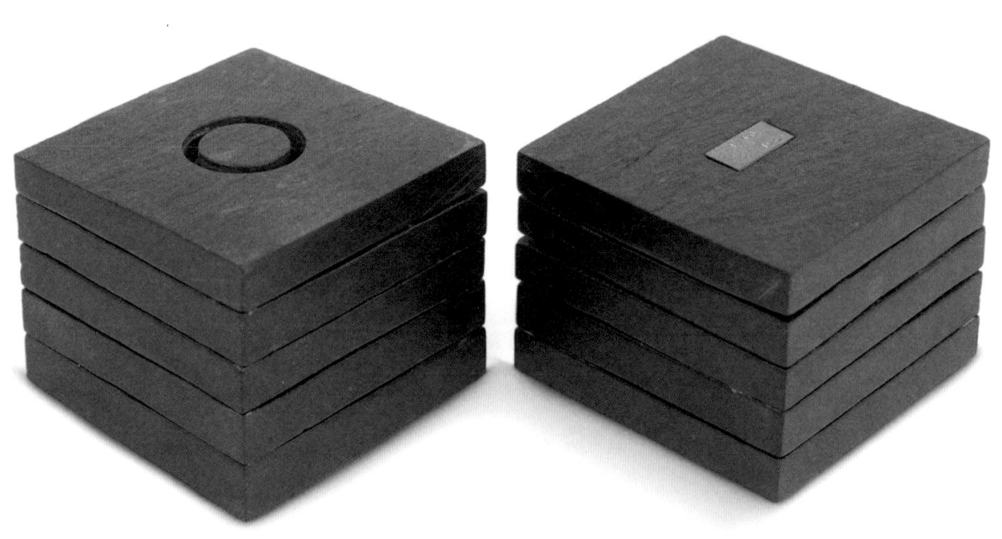

SÓNIA GRAÇA

Ils [les professeurs] laissent à chaque élève assez de latitude pour poursuivre des expériences et trouver leur propre style. Chaque pièce est unique. [...] Mon seul but est de faire mieux la prochaine fois. La bijouterie n'est pas facile.

They [the teachers] allow each student enough space to experiment and to find his or her own way. Each work is unique. [...] My only goal is to do better next time. Jewellery is not easy.

1975, PT

Formation depuis education since • 2004 Ar.Co, Centro de Arte e Comunicação Visual, Lisboa / Cristina Filipe, Leonor Hipólito, Harald Müller

Bracelets (12) / 2007 / argent silver / 60 x 70 x 20 mm

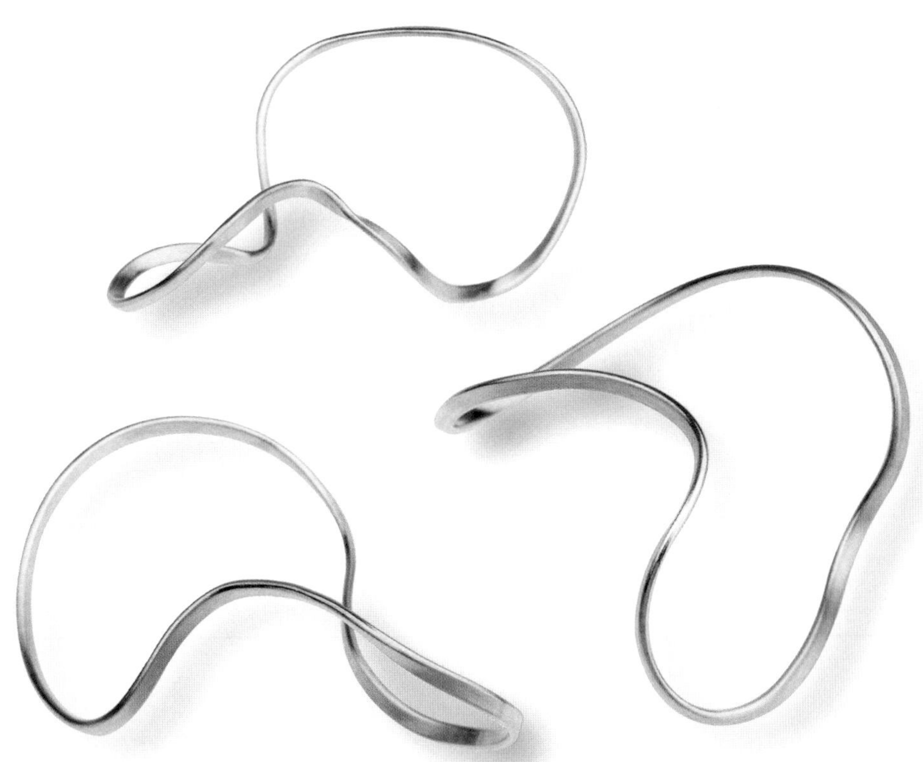

HAUTE ÉCOLE D'ART ET DE DESIGN, GENÈVE, CH

ESTHER BRINKMANN
- CHRISTIAN BALMER
- BRUNE BOYER PELLEREJ
  - NATHALIE PERRET
- SOPHIE BOUDUBAN
- SONIA MOREL
- SOPHIE HANAGARTH
  - JOANNE GRIMONPREZ
- FABRICE SCHAEFER
  - JULIE USEL
- ILONA SCHWIPPEL
- AURÉLIE DELLASANTA

ESTHER BRINKMANN

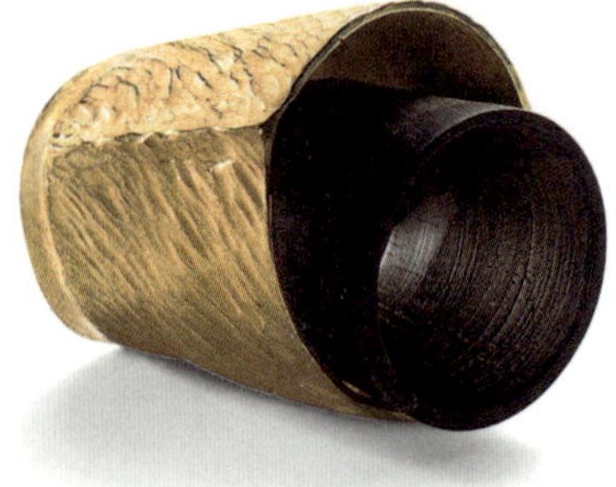

Gilles Jonemann (plasticien et créateur de bijoux) qui enseignait aux ateliers pluridisciplinaires de Fontblanche (à Vitrolles puis à Nîmes, FR), a beaucoup compté pour mon développement. Il m'a invitée à participer à un symposium sur le thème de l'anneau à la fin des années 1970. C'est là que j'ai appris une méthodologie de création qui m'a plu. Nous avions d'abord fabriqué quantité d'anneaux pour pouvoir ensuite «intervenir» sur ces anneaux en suivant des directives comme «enlever de la matière» ou «diviser et recomposer sans perte de matériau». Cette méthode de travail m'a stimulée. Elle m'a permis par la suite d'inventer mes propres règles, de développer une démarche personnelle.

Mon engagement personnel dans la création indépendante m'a permis, je crois, de m'engager aussi fortement dans l'enseignement. Il m'a amenée à ressentir le désir et la nécessité de partager, de transmettre ma passion.

Ce qui prime pour moi, c'est l'attitude. Je crois que j'ai su transmettre à chacun de mes étudiants le désir, la volonté et la force de concevoir et de développer un projet de travail à long terme. Trouver et développer une «écriture personnelle». La curiosité, la passion et l'endurance.

Gilles Jonemann (a sculptor and jewellery creator) who taught at the Ateliers pluridisciplinaires de Fontblanche at Vitrolles, then at Nîmes, FR, has contributed a lot to my development. He invited me to take part in a symposium on the theme of rings (in the late 1970s). There, I learned a methodology of creation that pleased me. We first made a lot of rings then "intervened" on them along themes like "removing material", or "dividing and reforming it without any loss of material." This way of working stimulated me. It allowed me later to invent my own rules, to develop my own procedure.

My own commitment towards independent creativity led me, I believe, just as strongly into teaching. It made me want and even need to share and transmit my passion.

The most important for me is the right attitude. I believe I have managed to pass on to each of my students, the will and strength to conceive and develop a long-term work project. To find and develop one's signature style. Curiosity, passion, and endurance.

1953, CH

Formation education • 1974–78 École des arts décoratifs, Genève

Enseignement teaching • 1983–2005 Haute école d'arts appliqués, Genève • nombreux ateliers depuis 1987 many workshops since 1987

Bague double / bijou pour la main handpiece / 2005 / or, ébène gold, ebony / 30 x 34 x 30 mm

CHRISTIAN BALMER

J'ai le sentiment qu'on m'a transmis une manière d'appréhender le réel par une approche systématique dans les cours d'ateliers, une approche plus personnelle et sensible dans les cours libres et, finalement, la meilleure chose que j'ai apprise et qui est la conséquence de tout cela, c'est la liberté de penser, véritable indépendance qui se révèle bien après la fin des études. La formation ne doit pas devenir un dogme et je suis personnellement heureux que cette école ne soit pas un bagage trop lourd.

I feel that I was transmitted a way of feeling what is real by a systematic approach in the workshop courses, a more personal and sensitive approach in the independent courses. Finally, the best thing I learned and which is the consequence of all that, was the freedom to think, a real independence that reveals itself long after the end of studies. Training must not become too dogmatic and I, for one, am happy that the teachings of this school do not become too heavy a burden.

1964, CH
Formation education • 1984–88 Lausanne / Yves Perrelet • 1988–91 École supérieure d'arts appliqués, Genève / Esther Brinkmann, Pascal Saini

Centriforce / broche brooch / 2006 / or gold / 43 x 43 x 10 mm

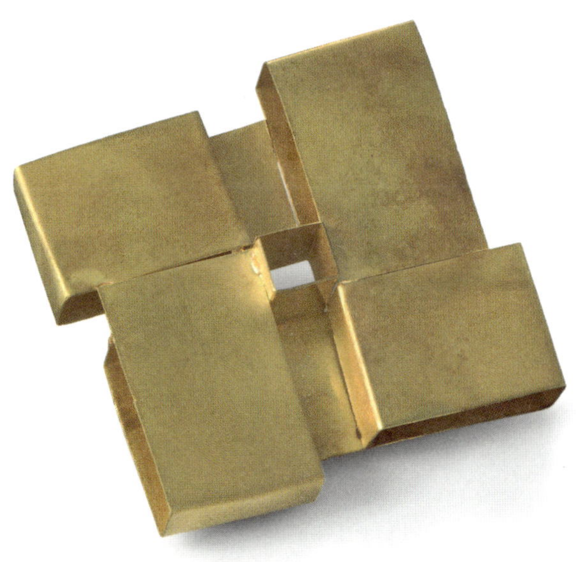

BRUNE BOYER PELLEREJ

J'ai appris à être attentive à l'inattendu.

Plus qu'un savoir-faire, je pourrais dire que j'essaie de transmettre le goût du savoir-faire. Je n'ai pas pour intention de transmettre une philosophie ; je les incite à trouver la leur. Je leur demande d'instaurer un dialogue entre ce qu'ils font avec les mains et les réflexions que cela leur inspire.

Je voudrais aussi qu'ils apprennent à remettre en question leurs a priori ; qu'ils se laissent surprendre.

I learned to watch for the unexpected.

More than a know-how, I'd say that I try to transmit a taste for know-how.

I have no bent to transmit a philosophy, I encourage them to find their own. I ask them to build a dialogue between what their hands are doing and the thoughts this inspires. I would also like them to learn to question all they know, and let themselves be surprised.

1967, FR

Formation education • 1985–87 École des arts décoratifs, Genève / Jean-Frédéric Meylan • 1987–90 École supérieure d'arts appliqués, Genève / Esther Brinkmann / ateliers avec workshops with Carole Guinard, Johanna Dahm, Gilles Jonemann, Onno Boekhoudt, Christoph Zellweger

Enseignement depuis teaching since • 1997 Afedap (Association pour la formation et le développement des arts plastiques), Paris

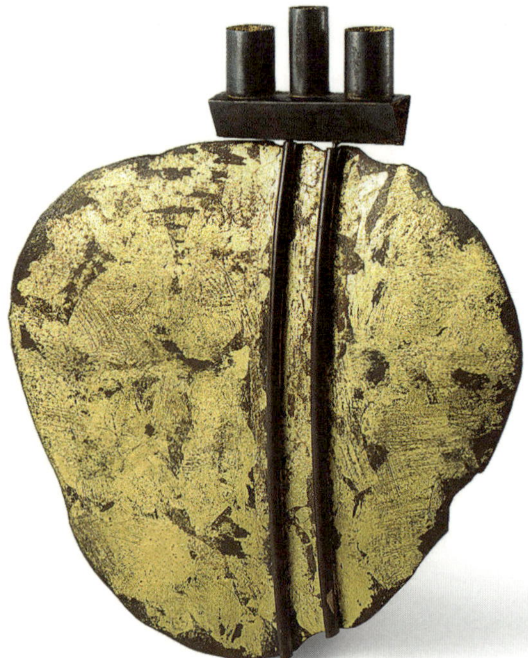

Cheminez / broche brooch / 1999 / cuivre, feuille d'or, fer copper, gold leaf, iron / 100 x 115 mm

Je crois qu'il n'y a pas de savoir-faire sans méthodologie, ni de philosophie sans attitude. J'ai eu la chance que tout cela m'ait été transmis.

Ce qu'on n'a jamais fini d'acquérir, c'est la capacité de se laisser surprendre par l'objet qu'on a fait. Accepter l'existence de l'objet comme une présence indépendante et faire ainsi l'effort d'avoir un regard neuf sur lui.

I believe there is no know-how without a methodology, nor philosophy without an attitude. I was lucky all this was passed on to me.

What one never ends acquiring is the ability to be surprised by any single thing one has made. Accepting the existence of the object as an independent thing, and thus attempt to see it with a fresh eye.

1978, FR, CL
Formation education • 1999–2002 Facultad de Artes Visuales de la Universidad Finis Terrae, Santiago, CL
• 2004–07 Afedap (Association pour la formation et le développement des arts plastiques), Paris / Brune Boyer Pellerej

Palidecer (Pâlir) / Collier neckpiece / 2007 / plâtre en poudre, bande élastique gypsum powder, elastic strip / 120 x 500 x 500 mm

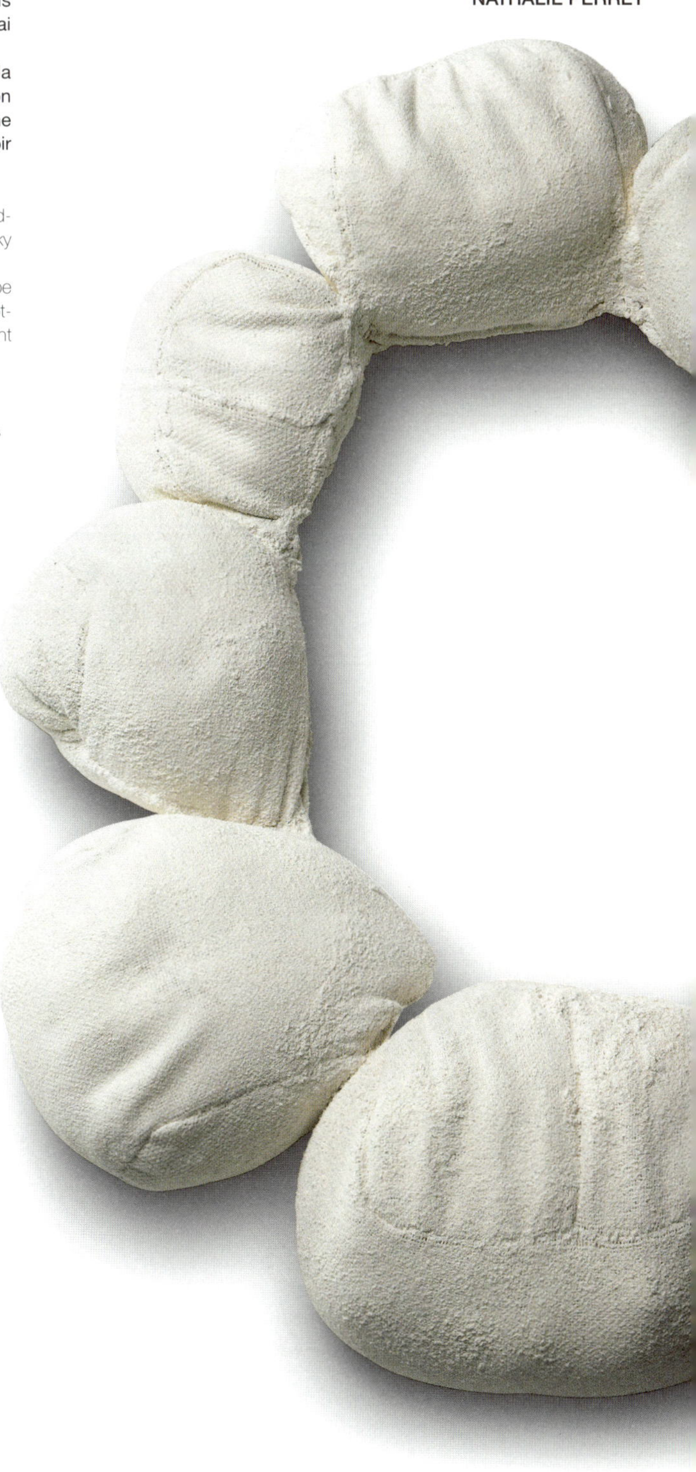

SOPHIE BOUDUBAN

Dès la première année d'études, Esther Brinkmann nous a mis en contact avec des galeries de bijoux contemporains, ce qui nous a très vite amenés à développer un travail professionnel de qualité.

Esther m'a appris une manière de développer mon travail de l'idée jusqu'à la réalisation. Elle a su me transmettre une nouvelle manière de voir ce qui m'entoure, de savoir rester à l'écoute, de garder l'esprit ouvert pour pouvoir nourrir ma créativité. J'ai eu la possibilité d'expérimenter, de détourner des outils, des matériaux de leur utilisation première (passer le métal dans les engrenages d'un laminoir par exemple), ce qui m'a donné une grande étendue de possibilités de création. Ne pas se borner à ce que l'on sait déjà, mais partir à la découverte, à l'aventure…

J'aime voyager dans les idées. J'aurais envie que mes bijoux soient vivants, qu'ils soient des compagnons de vie.

From the first year of study, Esther Brinkman put us in touch with contemporary jewellery galleries, which soon led us to turn out professional work.

Esther taught me a way to develop my work from the idea to the realisation. She was able to transmit a new way of seeing what was around me, to listen, to keep an open mind in order to nourish creativity. I was allowed to experiment, use tools and materials in unusual ways (such as running sheets of metal through the gears of a rolling mill for instance). To never limit oneself to what is well known but to set out on discoveries, on adventures…

I like travelling through ideas. I'd like my jewels to be alive, to be lifelong companions.

1967, CH

Formation education • 1988–91 École supérieure d'arts appliqués, Genève / Esther Brinkmann

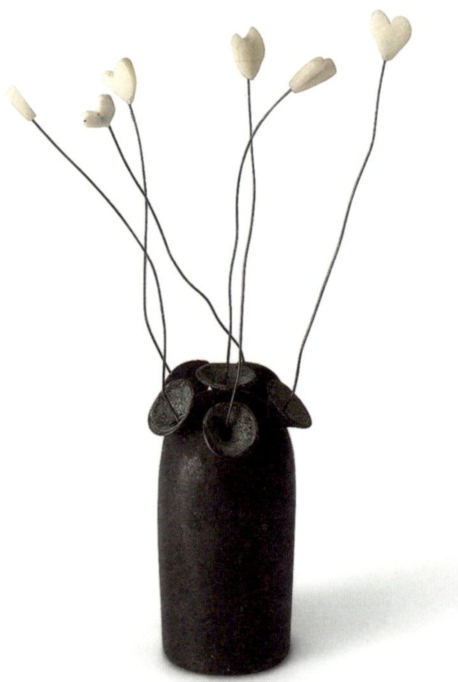

Leurre / série series *Bouts de doigts* / bijou-dé thimble-jewel / 2002 / bronze, os, argent bronze, bone, silver / 82 x ø 17 mm / Collection mudac, Lausanne

SONIA MOREL

En première année, Esther nous a donné comme thème « la ligne ». J'ai commencé à utiliser le fil. Ce fil d'Ariane que je tiens et travaille toujours aujourd'hui, dix-neuf ans plus tard.

Amasser des idées, des dessins, des maquettes, c'est toujours ma façon de travailler. Je n'ai jamais une idée claire et brillante que je réalise immédiatement, mais toujours un sentiment diffus ; quelque chose se forme sous mes yeux grâce aux maquettes et à une multitude d'essais.

In our first year, Esther gave us "lines" as a theme. I began to work with wire. It has become an Ariadne's thread that I hold on to and still work with today, 19 years later.

Collecting ideas, drawings, and maquettes has always been my way of working. I never have a bright and brilliant idea that I turn out immediately, but rather a vague feeling of something that transforms itself under my eyes thanks to mock-ups and a multitude of trials.

1968, CH
Formation education • 1988–91 École supérieure d'arts appliqués, Genève / Esther Brinkmann
Enseignement teaching • 1995–98 École supérieure d'arts appliqués, Genève

Bracelet bracelet / 2002 / fil d'argent, câble intérieur acier silver wire, inner steel wire / ø 125 mm

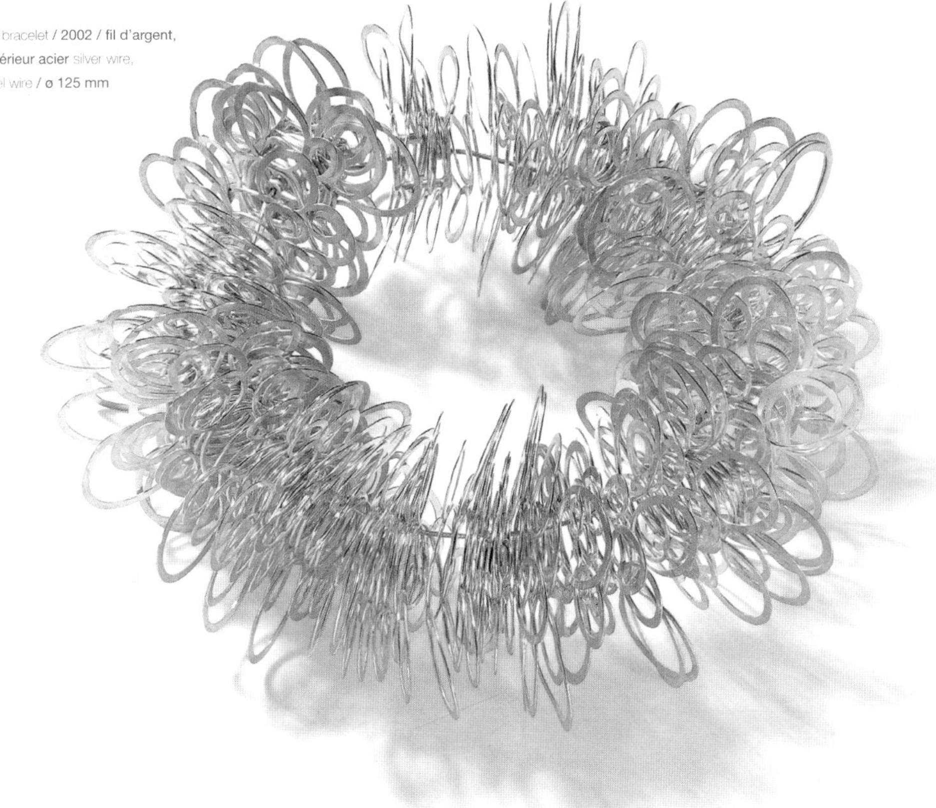

SOPHIE HANAGARTH

C'est le côté social et créatif du métier d'artisan bijoutier que j'ai apprécié durant l'apprentissage chez mon patron.

L'enseignement d'Esther axé sur la recherche, l'expression plastique et l'innovation étaient une réponse à mes doutes sur la valeur des matériaux et la notion de préciosité. Intégrer son atelier dans ce qu'il proposait de plus libre, autonome et créatif dans le domaine du bijou était une manière artistique de développer une technique, un style, tout en interrogeant et motivant le sens d'une production.

What I most appreciated during my apprenticeship under a jeweller was the social and creative side of his craft.

Esther's teachings, hinged on research, concrete expression and innovation, furnished an answer to my earlier doubts about costly materials and the notion of preciousness. Integrating in her workshop all it offered in the way of freedom, autonomy and creativity in the world of jewels, proved an artistic way to develop a technique, a style, while still questioning and giving meaning to a production.

1968, CH

Formation education • 1988–92 Lausanne / Pierre Bersier • 1992–95 École supérieure d'arts appliqués, Genève / Esther Brinkmann

Enseignement teaching • 1996–2000 Haute école d'arts appliqués, Genève • 2000–01 Afedap, Paris • depuis since 2002 École supérieure des arts décoratifs de Strasbourg

Toison aux pattes d'or / collier en écharpe neckpiece / 2004 / fil d'acier, acier recyclé (boîte de conserve) steel wire, recycled steel (can) / 700 x 110 x 5 mm

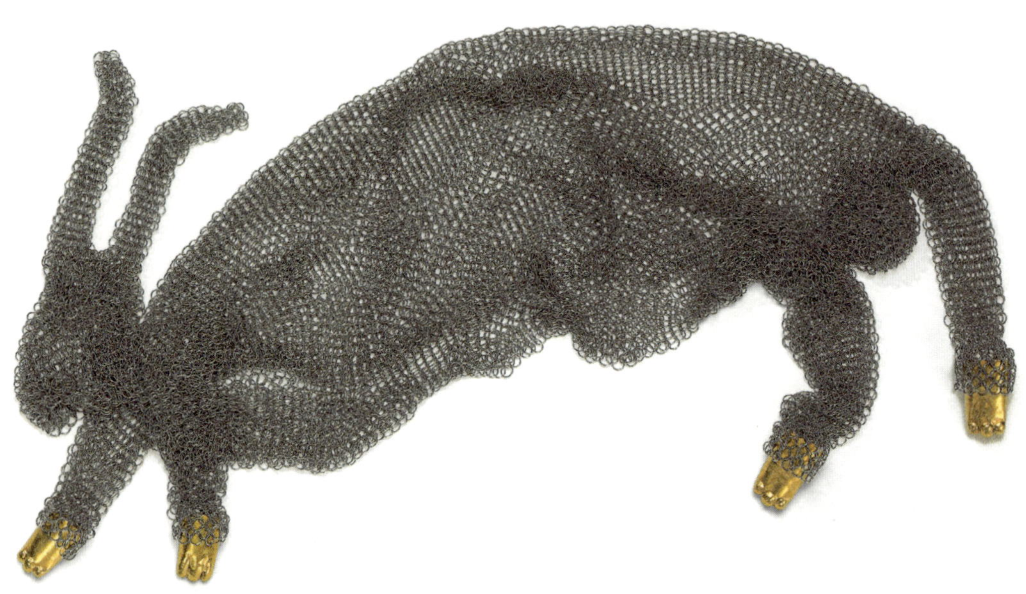

JOANNE GRIMONPREZ

J'ai senti que Sophie était tellement investie dans son travail que ça en devenait un mode de vie. J'avais décidé depuis longtemps que le bijou serait ce qui rythmerait ma vie, mais son exemple m'a persuadée que c'était non seulement possible mais vital.

Monika, comme Sophie, puise dans l'histoire pour en extraire ce qui va permettre d'avancer, de comprendre, de donner envie de montrer encore.

Il y a une phrase [de Sophie] que j'ai bien mémorisée pour l'avoir entendue souvent : « ... et dans la peinture classique, vous avez regardé ? Dans les arts populaires ? »

Aujourd'hui, j'essaie de garder cette démarche : dessiner (encore et toujours), penser à l'aide de la petite maquette légère et rechercher le plus possible ce qui peut me nourrir dans l'art, surtout dans des références plus anciennes, moins évidentes.

I felt that Sophie was so taken by her work that it had become a way of life. I'd long decided that jewellery would dictate the rhythm of my life, but it was her example that persuaded me that this would be not only possible but vital.

Monika, like Sophie, finds in history what to extract, what will allow to progress, to understand, and tempt one to show even more.

There is one sentence [of Sophie's] which I remember because I'd heard it several times. "Have you looked at classic paintings? Or at popular art?"

Today, I try to follow the same procedure: drawing (now and ever) and thinking out ideas with the help of a light maquette, and researching as much as possible to find nourishment in art, especially among older, less obvious references.

1983, FR

Formation education • 2004–07 École supérieure des arts décoratifs, Strasbourg / Sophie Hanagarth, Florence Lehmann, Monika Brugger

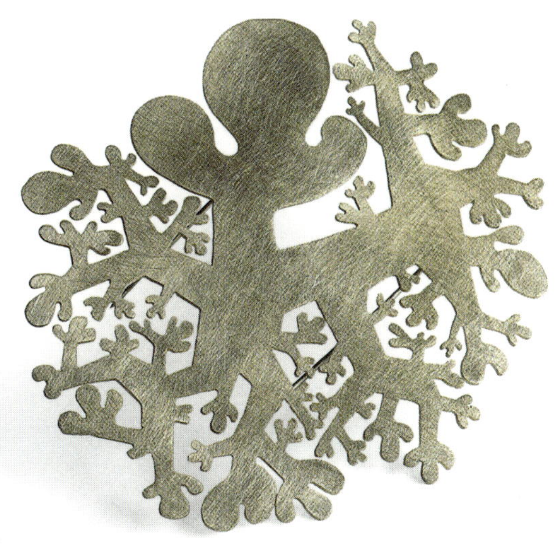

Lichen / broche brooch / 2007 / argent silver / 120 x 90 mm

FABRICE SCHAEFER

«Transformer un matériau» était au cœur de l'enseignement d'Esther; ce thème, je le travaille encore.

"Transforming a material" was at the heart of Esther's teaching. I still work along those lines.

1969, CH
Formation education • 1993–96 École supérieure d'arts appliqués, Genève / Esther Brinkmann.
Enseignement depuis teaching since • 2001 Haute école d'arts appliqués, Genève

Bague ring / 2007 / titane pur, or fin pure titanium, pure gold / 28 x 25 x 5 mm

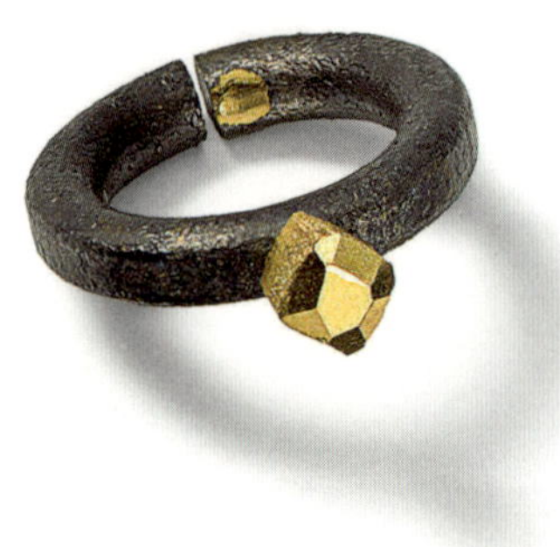

JULIE USEL

Il m'a semblé voir, lors des diplômes, tant de travaux différents, chacun exprimant son propre univers sans ressembler à celui de son enseignant. J'aime cet état d'esprit qui est celui d'aider l'élève à se « trouver » sans trop l'influencer.

At the finals, I seem to see so many different pieces, each one expressing its own universe, not the teacher's. I like this spirit of helping students to "find" themselves, without influencing them.

1982, CH
Formation education • 2002–03 Le Arti Orafe, Firenze • 2003–06 Haute école d'arts appliqués, Genève / Esther Brinkmann, Fabrice Schaefer

Sautoir neckpiece / 2006 / perles en cellophane cellophane pearls / 2240 x 8 mm

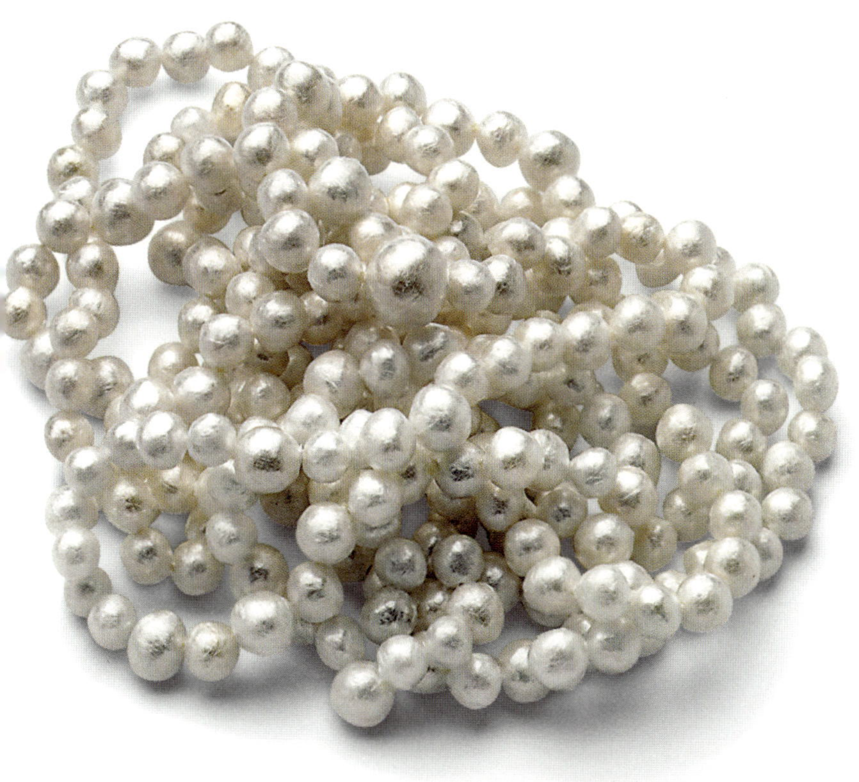

ILONA SCHWIPPEL

J'ai été marquée par Ruudt Peters lors du *workshop* au Portugal sur le thème « The Cook, The Thief, His Wife and Her Lover », film de Peter Greenaway. Ruudt Peters sait lire dans le travail de quelqu'un d'autre, arrive à poser LES questions pour faire avancer le processus.

La période de quatre ans à Lisbonne a été une étape clé dans ma formation. J'ai pu y travailler de façon très concentrée, très isolée. Cette époque était extrême : j'ai beaucoup et bien vécu, et beaucoup et bien travaillé. Le fait d'être seule quelque part, de vivre tant la vulnérabilité que le courage dans le quotidien rend très sensible et extrêmement réceptif à toutes sortes d'impressions et d'images.

Ruudt Peters left his mark on me during a workshop in Portugal on the theme of "The Cook, The Thief, His Wife & Her Lover" a Peter Greenaway film. Ruudt Peters knows how to read someone else's work, can find THE questions to make the process move along further.

The four-year stay in Lisbon was a key step in my training. I could work in a very concentrated, very isolated way. It was an extreme period: I lived life fully and well, I worked fully and well. Being alone somewhere, to feel as vulnerable and as brave in daily life makes you highly sensitive and very receptive to all sorts of impressions and images.

1969, DE

Formation education • 1990–94 Constance, DE / Michael Zobel • 1994–98 Stages en Allemagne, au Portugal, en Israël training courses in Germany, Portugal, Israel • 1999–2001 Haute école d'arts appliqués, Genève / Esther Brinkmann

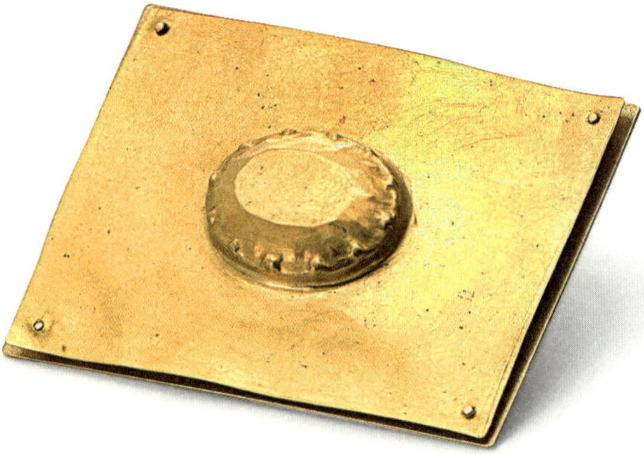

Transparence / broche brooch / 2003 / or fin, or 750, améthyste fine gold, 18 ct gold, amethyst / 61 x 47 x 10 mm / Collection mudac, Lausanne

Je pense que la création est un acte magique, où le créateur exprime son propre monde avec ses propres règles et où il peut transformer les choses préétablies afin de leur donner de nouvelles significations.

Le premier travail qu'Esther Brinkmann nous a donné à faire m'a énormément marquée, et je pense que tout mon travail personnel réalisé depuis découle de cette première démarche.

Nous devions choisir huit matériaux et réaliser dix transformations sur chacun. J'ai adoré pouvoir choisir librement ces matériaux et agir sur eux pour leur donner une nouvelle forme et une nouvelle texture. C'était comme devenir un alchimiste qui transforme la matière pour en découvrir un aspect caché.

I believe that creation is a magic act, where the creator expresses his own world with its own rules and where he can transform pre-established things to give them new meanings.

The first task Esther gave us to do really struck me, and I think my own work since then derives from that first attempt. We had to choose eight materials and make ten changes on each one. I loved choosing those materials freely and working on them to give them new form and new texture. It was somewhat like becoming an alchemist who transforms matter to discover a hidden aspect.

1980, CH

Formation education • 1998–2002 Haute école d'arts appliqués, Genève / Esther Brinkmann, Fabrice Schaefer • 2002 Gujarat, IN • 2005–07 École des beaux-arts, Genève

Jungle / broche brooch / 2007 / billet de banque indonésien, métal émaillé, laiton indonesian bank note, enamelled metal, brass / 70 x 60 x 15 mm

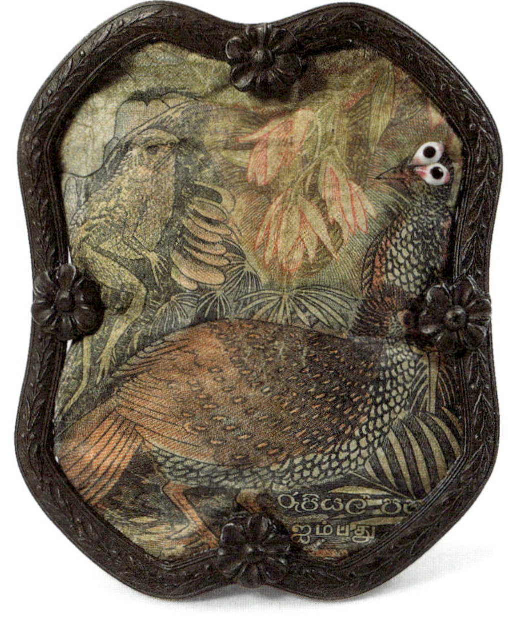

MIDDLESEX UNIVERSITY, BARNET, HERTS, LONDON, GB

CAROLINE BROADHEAD
• JULIE COOK
• MADELEINE FURNESS
• MARIA MILITSI

CAROLINE BROADHEAD

Le soutien tranquille et positif de Bernie m'accompagne toujours. J'espère pouvoir jouer le même rôle auprès des étudiants que je rencontre.

J'encourage les étudiants – j'enseigne en dernière année – à identifier et développer leur propre domaine d'intérêt ; je les aide à trouver un chemin vers un certain ordre au milieu de ce qui semble être parfois un chaos. Je ne leur impose pas ma philosophie, si ce n'est que je leur demande de créer leurs propres règles.

Bernie's attitude of quiet and positive support was very strong, and has remained with me. I hope that I can play a similar role for the students I encounter.

I encourage students—I teach the final, 4th year students—to identify and develop their own area of interest; help find a path through what is sometimes seen as a chaos towards a certain sort of order. I do not have a philosophy that I impose upon students, except that they make their own rules.

1950, GB
Formation education • Dartington Hall School / Bernie Forrester • 1969–72 Central School of Art and Design, London
Enseignement depuis teaching since • 1986 Middlesex University, London

Stretch necklace / collier necklace / ca 1982 / fil de nylon nylon monofilament / 420 - 900 mm x 30 mm

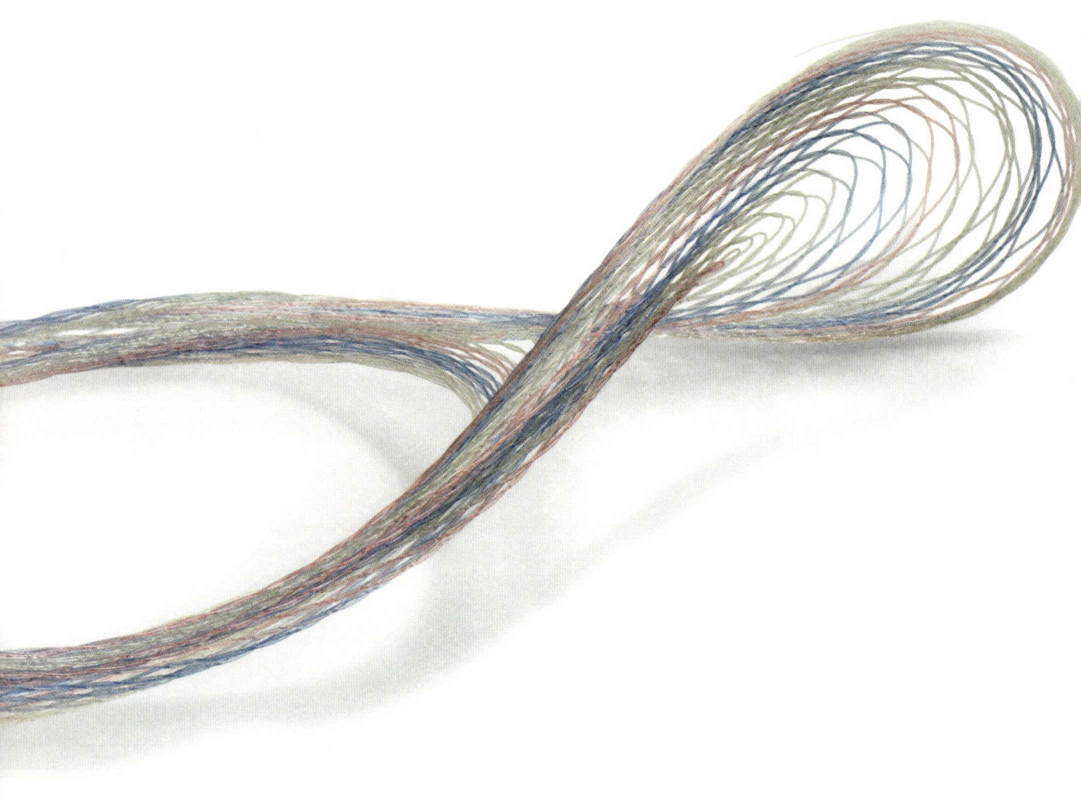

Ils (les enseignants) étaient tous des créateurs qui avaient une pratique professionnelle et qui partageaient une même philosophie. Grâce à l'intérêt qu'ils me portaient, j'ai accédé à un lieu où j'étais comprise et j'ai trouvé l'expérience enrichissante, stimulante et très agréable.

On nous a présenté une grande variété de matériaux pour la réalisation de nos projets. Caroline Broadhead nous a expliqué la possibilité d'utiliser une machine à coudre pour créer notre objet. Cela m'a permis de régénérer mes acquis précédents, a eu un effet immédiat sur la façon dont j'ai considéré mon travail, sur ma vision du bijou et a ouvert un flot de possibilités à explorer.

They (the teaching staff) were all practising makers with a shared philosophy. Through their personal investment on me I reached a place of understanding, and found the whole experience enriching, challenging and very enjoyable.

We were introduced to a variety of materials to realise our project briefs. Caroline Broadhead demonstrated the possibility of using a sewing machine to create our work. This enabled me to regenerate skills from my past. It had an immediate effect on the way I considered my work, my view of jewellery and opened a floodgate of possibilities for me to explore.

1961, GB
Formation education • 1998–2002 Middlesex University, London / Caroline Broadhead, Pierre Degen, Julie Westbury, Julia Mannheim, Colin Smith

Duende A Time For Healing, Zapateado Injured Soles / chausses art-textile shoes / 2006 / calicot, couverture d'hôpital calico, hospital blanket / taille size 37

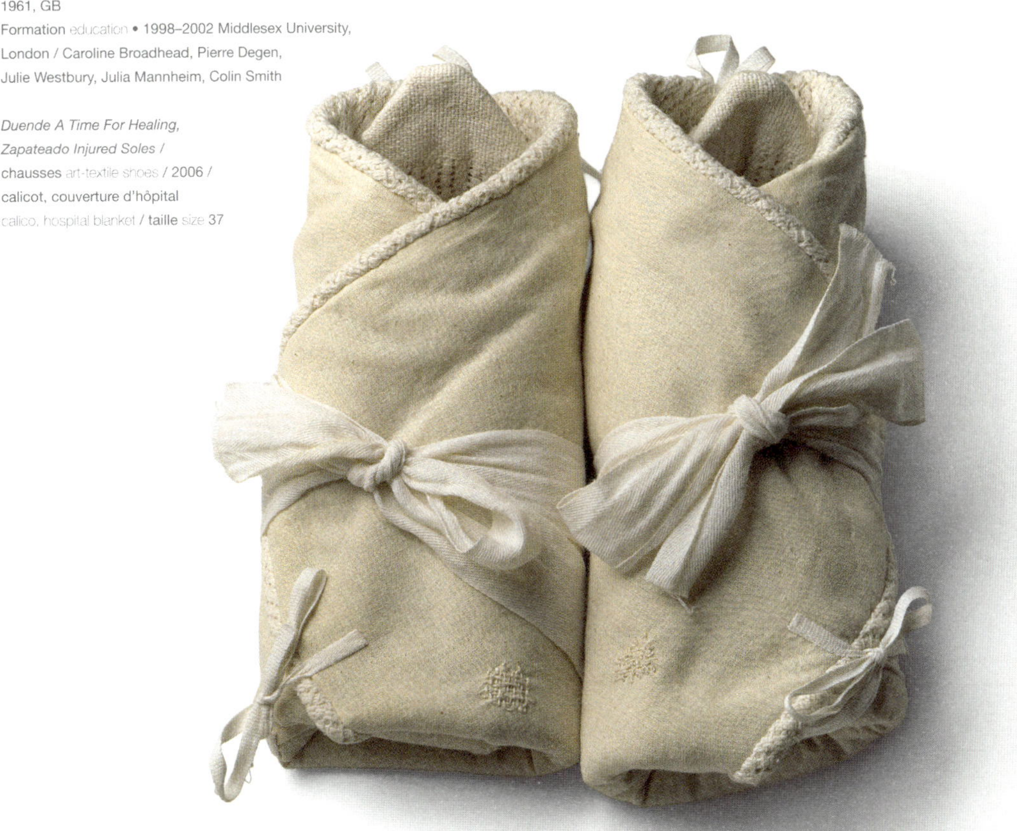

MADELEINE FURNESS

[…] L'image qui m'était restée en tête était celle du collier de Caroline Broadhead « Veil ». Dès ce moment, j'ai compris que c'était ça que j'essayais de faire et lorsque j'ai découvert qu'elle enseignait à Middlesex University, j'étais décidée à y étudier.

Je pense que mon travail suit un chemin que Caroline a tracé en me permettant de puiser librement à travers disciplines et médias, utilisant ce qui m'est instinctivement et succinctement nécessaire pour réaliser mes idées et créer des « bijoux » dans leur sens le plus large.

J'ai la conviction que les bijoux et les objets sont de nature talismanique.

[…] The one slide that stayed in my mind was of Caroline Broadhead's neckpiece "Veil". From that point on I knew that this was what I was trying to achieve and I was determined to study at Middlesex when I discovered she taught there.

I think my work follows a path Caroline has laid in moving freely across disciplines and media, using whatever is instinctive and succinct to realise one's ideas and create "jewellery" in the widest sense.

I have a genuine belief in the amuletic nature of jewellery and objects.

1979, GB

Formation education • 1998–2002 Middlesex University, London / Caroline Broadhead, Pierre Degen, Julie Westbury, Julia Mannheim • 2005 European Ceramic Work Centre, s'Hertogenbosch, NL / Otto Künzli

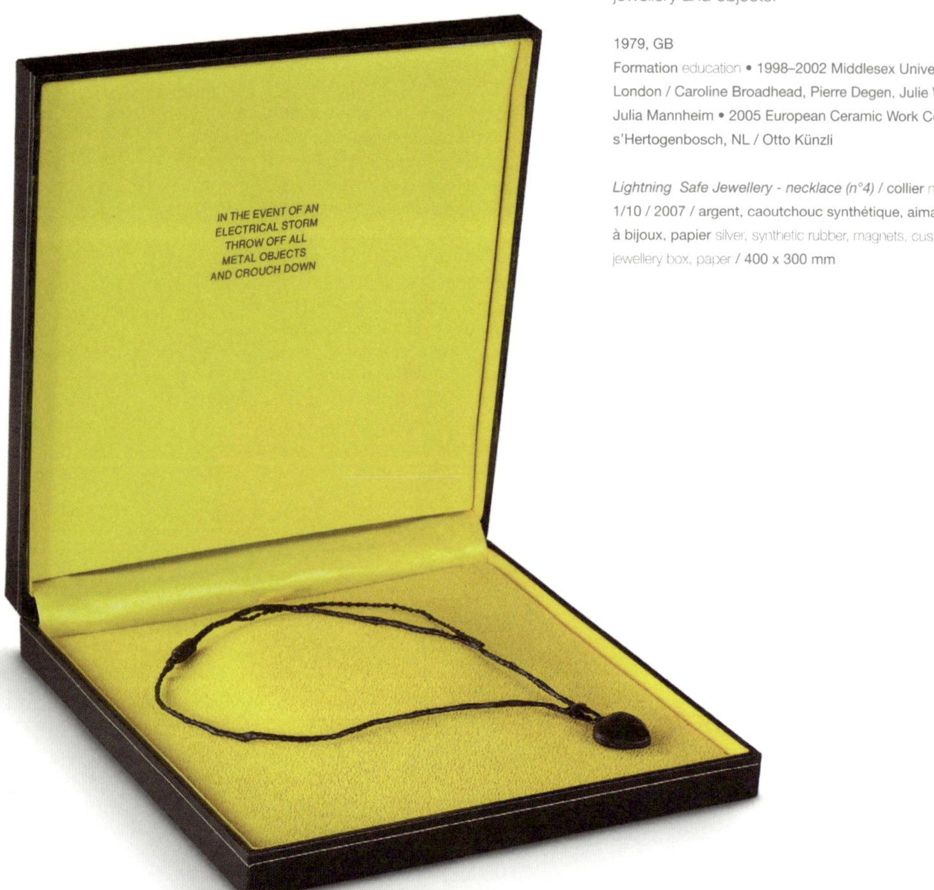

Lightning Safe Jewellery - necklace (n°4) / collier neckpiece 1/10 / 2007 / argent, caoutchouc synthétique, aimants, boîte à bijoux, papier silver, synthetic rubber, magnets, custom jewellery box, paper / 400 x 300 mm

MARIA MILITSI

Quitter la Grèce pour l'Angleterre [a été une étape importante dans ma formation]. Étudier à la Middlesex University a changé ma vision de la fabrication et m'a aidée à étendre les limites de mon horizon.

Moving from Greece to England [was a key step in my education]. Studying at Middlesex University changed my approach towards making and helped me expand my horizons

1971, GR
Formation education • 1992–95 "Mokume" Vocational Training Centre in the Art of Jewellery, Thessaloniki, GR / Antonis Fabrikanos • 2003–06 Middlesex University, London / Caroline Broadhead, Pierre Degen, Julie Westbury • Actuellement now Royal College of Art, London

Pipe Case / pendentif pendant / 2006 / étui trouvé, argent found case, silver / 120 x 50 mm

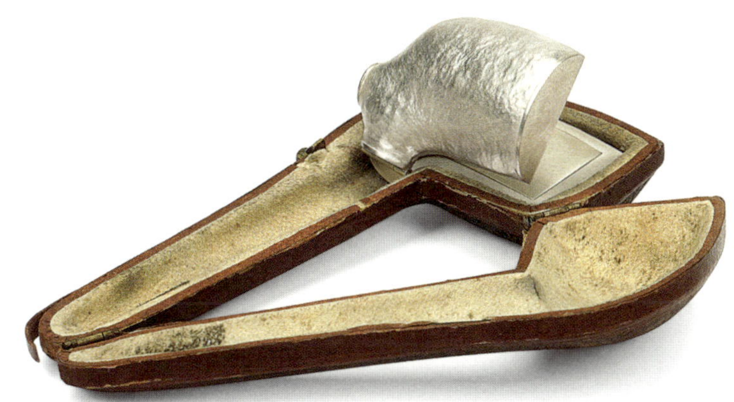

HOCHSCHULE FÜR GESTALTUNG, PFORZHEIM, DE

JOHANNA DAHM
• IRIS BODEMER
• ANDI GUT
• JULIA WALTER
• CLAUDIA STEBLER
• LUZIA VOGT

JOHANNA DAHM

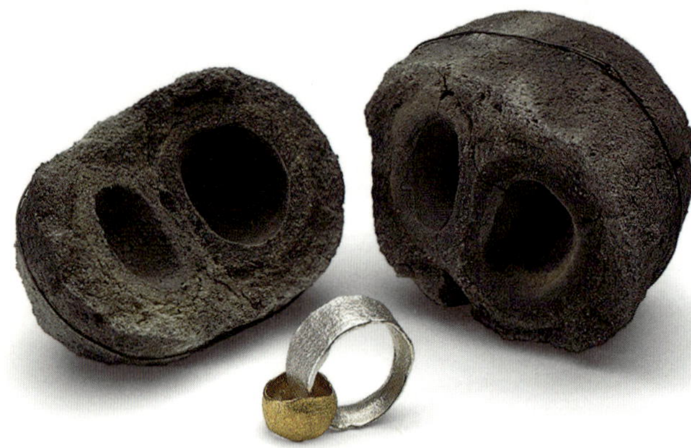

Max Fröhlich m'a enseigné avec une infinie patience l'amour du détail, de l'observation et, somme toute, la confiance en ma propre création. Il était l'un des rares orfèvres qui, en avance sur son temps, employait l'artisanat comme un moyen d'expression artistique. [...] Il nous avait rapporté en détail ses expériences auprès des orfèvres ashantis, sans nous montrer leur technique de fonte en circuit fermé ; j'ai pu m'y initier lors de mon séjour au Ghana en 1997.

L'échange culturel est aujourd'hui primordial. Le fait d'être soi-même différent dans un contexte étranger conduit à une meilleure compréhension de l'autre, de ce qui est différent et aussi de ce qui nous est propre.

Le savoir-faire sans réflexion philosophique est un pur instrument technique qui ne sert à rien dans l'enseignement d'une discipline artistique.

Je dis à mes élèves : « C'est gênant de copier, informez-vous, mais c'est gratifiant de reprendre les choses là où d'autres les ont laissées. Ne vous fâchez pas si on vous copie, c'est le plus beau compliment, poursuivez votre travail de création. »

Max Fröhlich taught me with infinite patience the love of detail, observation and, all in all, to trust my own creation. He was one of the few goldsmiths ahead of his time, who used handcraft as a means of artistic expression. [...] He had told us in great detail his experiences among Ashanti goldsmiths, but did not show us their technique of casting in a closed cycle; I was initiated to this during my stay in Ghana in 1997.

Cultural exchange is today primordial. Just being oneself different in a foreign context leads to better understanding of the other, of what is different, and also what is our own.

Know-how without a philosophical thought is a pure technical tool, and worthless for the purpose of teaching artistic matter.

I tell my students: it is embarrassing to copy, be informed; but it is rewarding to carry on there where others have stopped. Don't mind being copied, it is the best form of flattery, carry on with new work.

1947, CH

Formation education • 1967–72 Kunstgewerbeschule der Stadt Zürich / Karl Schmid, Max Fröhlich

Enseignement teaching • 1990–2005 Hochschule für Gestaltung, Pforzheim • nombreux ateliers depuis many workshops since 1978

fast ASHANTI / bague ring / 2006 / or fin, argent fin pure gold, pure silver / moulée dans un seul moule avec deux creusets séparés pour l'or et l'argent cast in one mould with separate gold and silver crucibles / 25 x 40 x 10 mm

[Avec Winfried Krüger] nous avons appris à traduire nos idées en bijoux tout en apprenant les techniques de l'orfèvrerie. La technique n'est qu'un outil et pas un obstacle. Je me rappelle l'avoir entendu dire : « Il n'y a pas de bien ou mal. » Il nous demandait simplement de trouver notre mode d'expression personnel, parce que chacun a déjà tout ce qu'il faut en lui, individuellement.

À la Fachhochschule [de Pforzheim], ce qui me plaisait, c'était la liberté de travailler le dessin et la sculpture en s'appuyant sur des bases théoriques solides. Je reste fidèle à ce principe que l'éducation artistique est le fondement de tout le reste. Johanna Dahm m'a toujours encouragée à expérimenter, par son ouverture d'esprit.

Le bijou permet une alliance idéale du dessin et de la sculpture. Pour moi, c'est le meilleur moyen de donner forme à mes idées. Il y a aussi une autre dimension du bijou : être une sculpture ou un dessin en soi lorsqu'il n'est pas porté.

[With Winfried Krüger] we learned to translate our ideas into jewellery by learning the techniques of goldsmithing at the same time. Techniques are just a tool and not a handicap. I remember him saying: "There is no right or wrong". He just wanted us to find out our own way of expression—because everybody has the right thing inside already and individually.

[At the Fachhochschule für Gestaltung] I enjoyed the freedom to develop drawing and sculpture on a well-founded theoretical basis. I still follow this insight, that art education is the fundament for everything else. Johanna Dahm always encouraged my experiences with her open-minded thinking.

Jewellery is perfect for combining drawing and sculpture. For me it is the medium to put into shape my ideas. There is the dimension of jewellery when it is not worn as well, of being a sculptural piece, or a drawing in itself.

1970, DE
Formation education • 1989–92 Goldschmiedeschule, Pforzheim / Winfried Krüger • 1992–96 Fachhochschule für Gestaltung, Pforzheim / Johanna Dahm • 1997–98 Sandberg Institute, Amsterdam / Marjan Unger
Enseignement teaching • 2004 Hochschule für Gestaltung, Pforzheim • 2006 Pratt Fine Arts Center, Seattle, US • 2007 Fachhochschule Idar-Oberstein, DE

Broche brooch / 2006 / agate, cornaline, laine agate, carnelian, wool / 70 x 70 x 15 mm

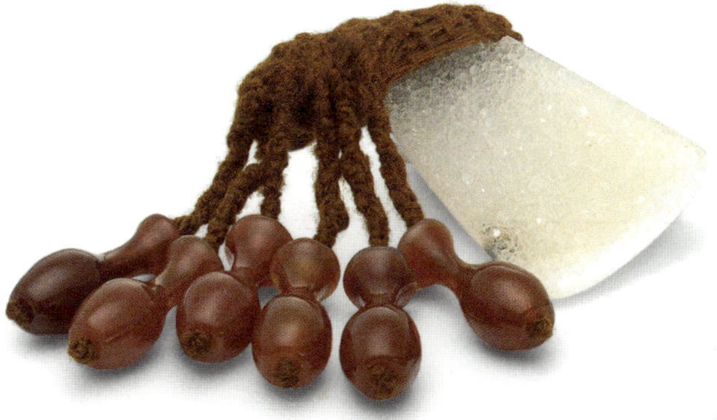

ANDI GUT

Un jour, je me suis plaint à mon professeur (le professeur de sculpture Ch. Bertogg, au Vorkurs de Zurich) parce que la sculpture à laquelle je travaillais devenait trop maigre d'un côté. Il m'a répondu : « Si vous en enlevez sur tous les autres côtés, ce sera peut-être bien. » La leçon était simple, mais importante. [...] Mes pièces s'amincissent de plus en plus.

Le bijou fait partie de la vie mais la vie, ce n'est pas uniquement le bijou. On n'est pas obligé de tout communiquer par le bijou. Si on le surcharge de sens, il n'y aura peut-être plus de place pour une interprétation par ceux qui le porteront.

Le débat sur « le bijou est-il de l'art ? » n'est plus une question centrale. Artisanat et technologie ne sont plus incompatibles. Il y a une plus grande nécessité d'apprendre à présenter et faire connaître son travail. Les images pour la presse et les portfolios sur les sites Web jouent un plus grand rôle dans la formation.

Once I complained to my teacher that the sculpture I was working on was becoming too thin on one side. He (sculpture teacher Ch. Bertogg, Vorkurs Zürich) replied by saying; "If you take away from all the other sides it might be fine." It was a simple but important lesson. [...] My work gets thinner and thinner.

Jewellery is a part of life, but life is not only jewellery. You don't have to communicate everything through jewellery. If you load it with meaning there may be no space for interpretation for those wearing it.

The discussion "Is jewellery Art?" is no longer a major focal point. Handcraft and new technologies are no longer a contradiction. There is a stronger need to learn to advertise and present one's work. Media pictures and websites portfolios are a bigger part in the education process.

1971, CH

Formation education • 1985–89 Zug / apprentissage apprenticeship • 1990–91 Hochschule für Gestaltung, Zürich • 1991–96 Fachhochschule für Gestaltung, Pforzheim / Johanna Dahm, Jens-Rüdiger Lorenzen

Enseignement teaching • 2000–04 Zürcher Hochschule der Künste, Zürich • depuis since 2007 Hochschule für Gestaltung, Pforzheim

Mimesis / broche brooch / 2003 / nylon, or nylon, gold / 150 x 95 x 30 mm / Collection mudac, Lausanne

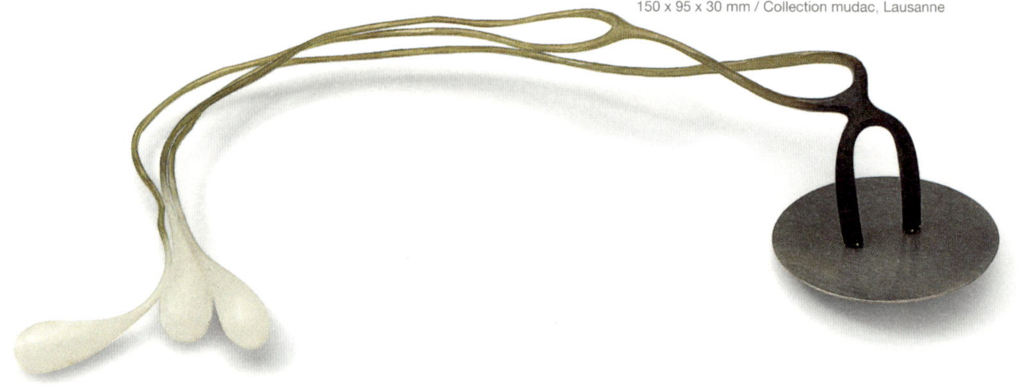

JULIA WALTER

Un jour, j'ai construit une machine à barbe à papa avec Andi Gut. Elle se composait d'un chariot de supermarché, d'une perçeuse et d'un chalumeau. Que croyez-vous ? Elle était clinquante et magnifique.

Si je m'interroge sur mon travail sans pouvoir arriver nulle part, je m'amuse à réfléchir à ce qu'un de mes professeurs m'aurait dit ou demandé pour m'aider à avancer. C'est quelquefois utile.

Once I built a candyfloss machine with Andi Gut. It was made from a shopping cart, a drilling machine, and a gas torch. What do you expect? It was loud and it was great.

If I question my work and can not come to a point, I start playing this little game with myself, and try to think of what one of my teachers would have told or asked me, to help me continue working—sometimes it helps.

1979, DE

Formation education • 2001–03 Ar.Co, Centro de Arte e Comunicação Visual, Lisboa / Tereza Seabra, Cristina Filipe, Manuel Vilhena, Marilia Maria Mira • 2003–07 Hochschule für Gestaltung, Pforzheim / Johanna Dahm, Christine Lüdike, Andi Gut

Scale 4 / broche brooch / 2007 / uriol, silicone, aiguille en acier uriol, silicon, steelneedle / 60 x 70 x 30 mm

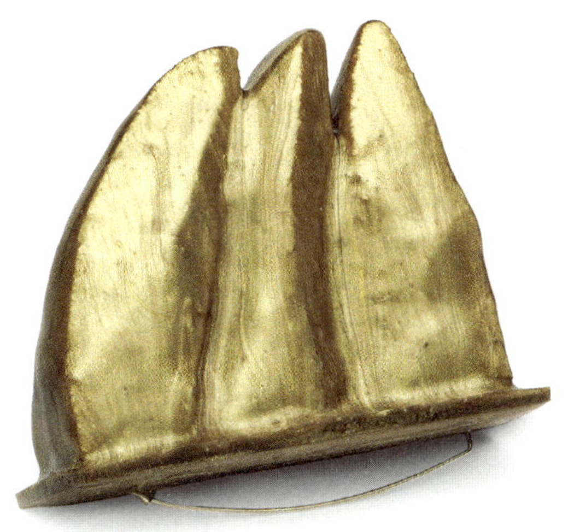

CLAUDIA STEBLER

Un moment décisif pour ma formation ? Quand j'étais petite, ma mère m'aidait à fabriquer moi-même tous mes cadeaux pour la famille. J'adorais surtout faire fondre les pots de yaourt en plastique dans le four.

Le moteur de mon travail, c'est le désir d'exprimer l'amour, la folie, l'humour, la beauté, la tristesse... Une énergie irrépressible et des cartographies mentales extraordinaires, voilà mon aire de jeu.

A key step in my education? As a child, my mother helped me to make all the gifts for my relatives by myself. The coolest thing was to melt plastic yoghurt cups in the oven.

The motor for my work is the urge to express Love, Craziness, Humour, Beauty, Sadness... Unstoppable energy and stunning mind-maps, this is my playground.

1970, CH

Formation education • 1991–95 Basel / Eugen Lang • 1997–2002 Fachhochschule für Gestaltung, Pforzheim / Johanna Dahm, Jens-Rüdiger Lorenzen, Rudolf Bott, Christine Lüdeke, Wolli Lieglein

Enseignement teaching • 2003–07 Hochschule für Gestaltung, Pforzheim

What is precious ? / collier neckpiece / 2000/2004 / or 999, soie gold 999, silk / 260 x 110 x 10 mm

objet trouvé : boîte de conserve, désert d'Égypte found object : can, desert of Egypt / 2003

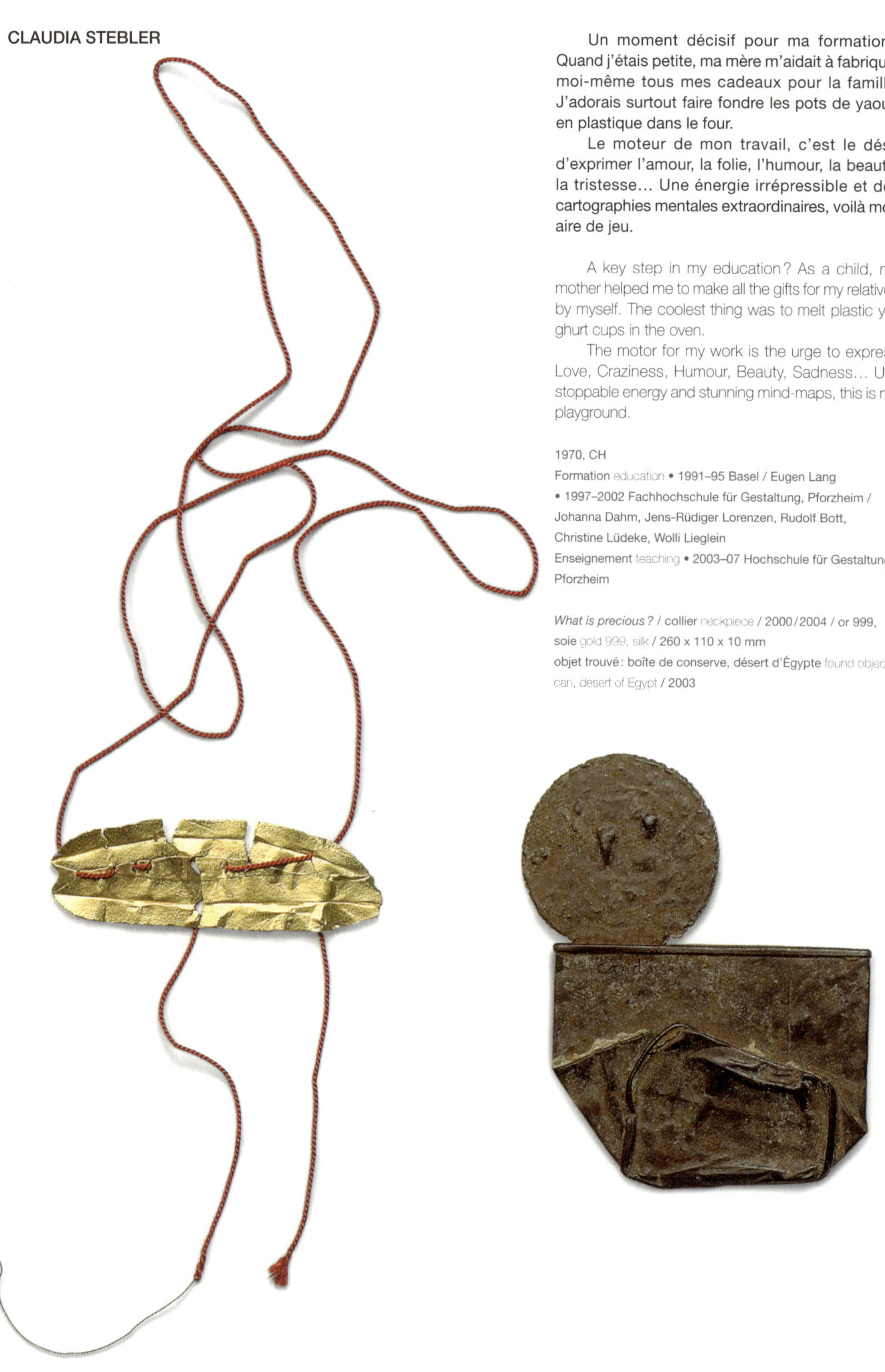

LUZIA VOGT

(Au cours de mes études) je me rappelle avoir tracé des traits, de simples traits, pendant une année entière. Je me rappelle avoir travaillé avec des légumes : c'était comme un sacrilège.

(As a student) I remember drawing lines, just lines, for a whole year; I remember working with vegetables: it felt like sacrilege.

1971, CH
Formation education • 1992–96 Basel / apprentissage apprenticeship • Schule für Gestaltung Basel / Marianne Diethelm • 2000–04 Hochschule für Gestaltung, Pforzheim / Johanna Dahm, Matthias Kohlmann, Christine Lüdeke
Enseignement depuis teaching since • 2007 Berufsbildungszentrum Luzern, CH

Gemüse / bagues rings / 2002 / argent silver 925 / 42 x 33 x 19 mm

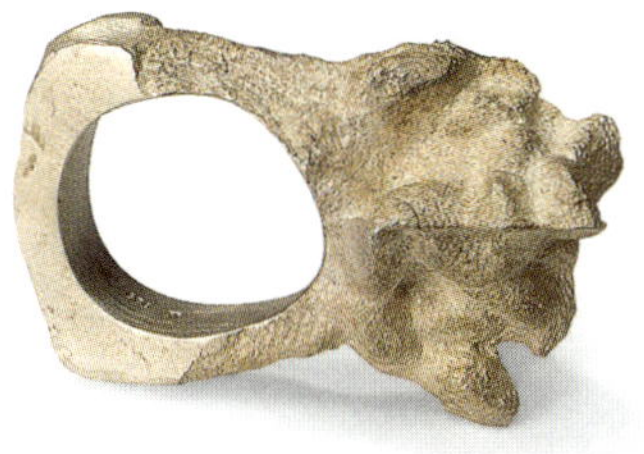
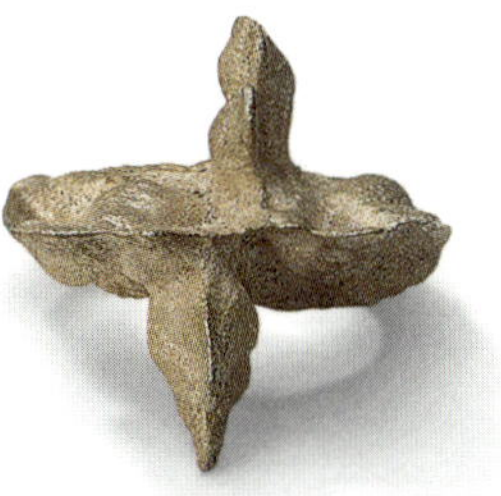

OTTO KÜNZLI

AKADEMIE DER BILDENDEN KÜNSTE, MÜNCHEN, DE

- BETTINA SPECKNER
- BETTINA DITTLMANN
- KARL FRITSCH
- DORIS BETZ
- KAREN PONTOPPIDAN
    - ADAM GRINOVICH
- PETER BAUHUIS
- DAVID BIELANDER

La plupart de mes professeurs sont décédés. J'aurais bien voulu pouvoir continuer à avoir des conversations avec certains d'entre eux, parler de leur travail et de ma vision des choses aujourd'hui. Il y en a auxquels je suis moins attaché. Et quelques-uns que j'ai oubliés complètement.

Le monde a changé, par conséquent la bijouterie a changé, et donc l'« enseignement » de la bijouterie a changé. En mieux ou en moins bien, c'est une autre histoire. Partout où le redoutable virus de « Bologne » a fait des dégâts, l'éducation se noie dans la paperasserie. Enfin, qu'est-ce que la création artistique a à voir avec les débouchés professionnels ? « Bologne » est un crime contre l'éducation artistique (qui nivelle par le bas les formations dans bien d'autres disciplines aussi). (cf. note 3, p. 40.)

Most of my teachers have passed away. I wish I could have a conversation with some of them again. About their work and about my view of things today. There are some I care less about. Some I have forgotten altogether.

The world has changed, therefore jewellery has changed, therefore the "teaching" of jewellery has changed. Whether for better or worse is another question. Wherever the deadly virus of "Bologna" caused havoc, education is drowned in heavy paperwork. What the hell has making art got to do with employability? "Bologna" is an art education crime (and also dumbs down education in many other fields). (cf. note 3, p. 41.)

1948, CH

Formation education • 1965–69 Kunstgewerbeschule der Stadt Zürich / Max Fröhlich, Fritz Loosli, Hans Stalder • 1972–78 Akademie der Bildenden Künste, München / Hermann Jünger

Enseignement depuis teaching since • 1991 Akademie der Bildenden Künste, München • nombreux ateliers depuis près de quarante ans many workshops since almost 40 years

Black Mickey Mouse / broche brooch / 1991 / mousse, laque, acier hardfoam, lacquer, steel / 93 x 10 x 45 mm

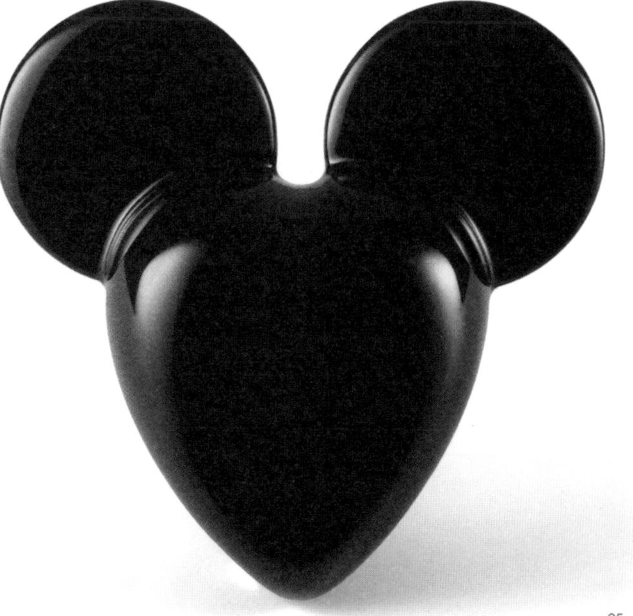

BETTINA SPECKNER

Avez-vous le sentiment d'avoir acquis :
Un savoir-faire ? Je l'espère
Une philosophie ? Je l'espère
Une attitude ? Je l'espère
Une méthode ? Sûrement pas

Avez-vous le sentiment de transmettre :
Un savoir-faire ? Je l'espère
Une philosophie ? Je l'espère
Une attitude ? Je l'espère
Une méthode ? Je l'espère

Do you have the feeling you earned:
Know-how? Hopefully yes
A philosophy? Hopefully yes
An attitude? Hopefully yes
A methodology? Certainly not

Do you have the feeling you are transmitting:
Know-how? Hopefully yes
A philosophy? Hopefully yes
An attitude? Hopefully yes
A methodology? Hopefully yes

1962, DE
Formation education • 1984–92 Akademie der Bildenden Künste, München / Horst Sauerbruch, Daniel Spoerri, Hermann Jünger, Otto Künzli
Enseignement depuis teaching since • 1998 ateliers workshops

Broche brooch / 2001 / photogravure sur zinc, or rouge 585, diamants noirs photoetching on zinc, red gold 585, black diamonds / 70 x 40 mm

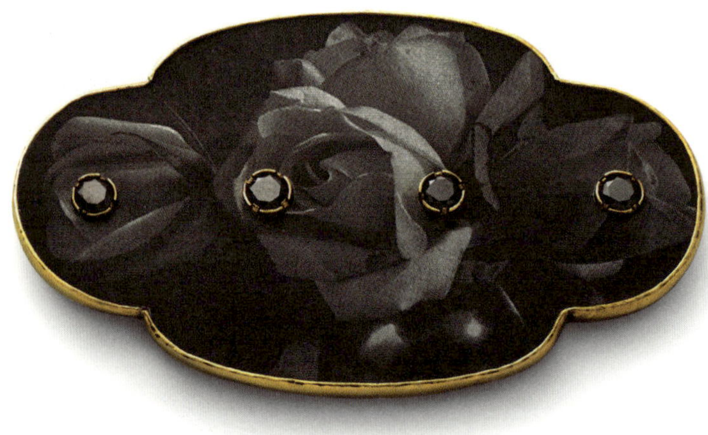

Chaque professeur a été important. Chacun m'a aidée à comprendre celui qui le précédait.

Changer de lieux et de perspectives [a été crucial dans mon éducation]. Partir et revenir me fait me sentir à la maison dans mon travail.

Each teacher was important. Each one helped me understand the teacher before.

Changing places and perspectives [has been crucial in my education]. Going back and forth makes me feel at home in my work.

1964, DE

Formation education • 1983–86 Staatliche Berufsfachschule für Glas und Schmuck Kaufbeuren, Neugablonz, DE / Nikolaus Epp • 1987–89 Akademie der Bildenden Künste, München / Hermann Jünger • 1989–91 State University of New York, New Paltz, US / Jamie Bennett, Fred Woell • 1991–93 Akademie der Bildenden Künste, München / Otto Künzli

Enseignement teaching • 1996–99 Akademie der Bildenden Künste, München • 1999–2000 State University of Oregon, Eugene, US

Ringchen / bague ring / 1998 – 2004 / fil de fer, émail, grenats iron wire, enamel, garnets / 44 x 44 x 65 mm

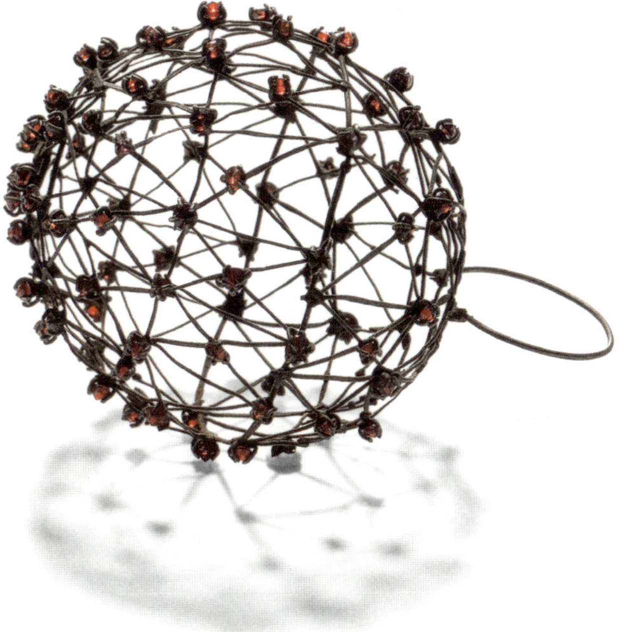

KARL FRITSCH

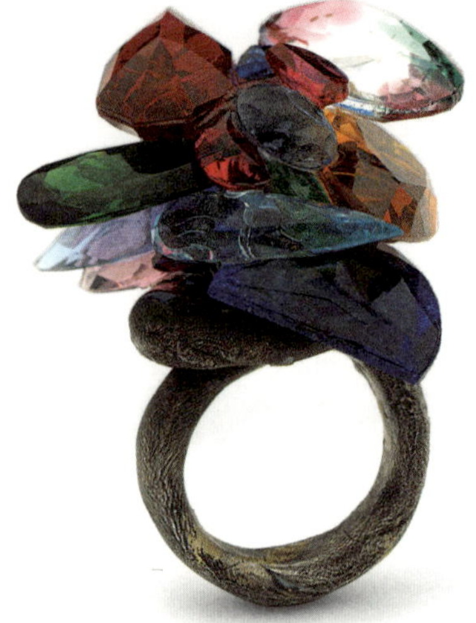

Tous mes professeurs ont eu de l'importance. Hermann Jünger est peut-être celui qui m'a le plus stimulé. Il avait une idée précise sur ce qui fait la qualité d'un travail et il avait d'excellentes idées sur ce que j'aurais dû faire, mais que je ne pouvais pas faire. Je savais que ce n'était pas ma voie. Son attitude et sa position fermes m'ont quand même poussé à travailler pour la trouver.

J'achetais des bijoux anciens à des prêteurs sur gages pour les fondre. Puis est arrivé un moment où je ne les ai plus fondus, mais réparés et transformés en créations nouvelles. Je pouvais « battre » la bijouterie à son propre jeu. C'était le moyen idéal d'intégrer tout ce que j'avais appris jusque-là dans ce domaine.

Je voulais devenir sculpteur sur bois après ma scolarité mais je m'y suis pris trop tard pour m'inscrire et, dans ma ville natale, un ami a parlé à ma mère d'une école d'orfèvrerie. J'ai posé ma candidature et j'y suis entré. Je suis donc devenu bijoutier par hasard.

All of my teachers were important. Probably Hermann Jünger was the one who challenged me the most. He had very strong ideas about what good work looks like, and he had great ideas about what I should do, but I could not actually do it. I knew it was not the way for me. But his strong attitude and position made me really work to find my own path.

I used to buy old jewellery from pawnshops, to melt down. Then came this moment where I did not melt them down but fixed them, and turned them into new work. I could "beat" jewellery with its own rules. It was the perfect move to include everything I had learned so far in jewellery.

I wanted to become a woodcarver after school, but I missed the application deadline and some friend in my hometown told my mother about a jewellery school; I applied and I got in. So I became a jeweller by accident.

1963, DE

Formation education • 1982–85 Goldschmiedeschule, Pforzheim / Eggert Bahrs • 1985–86 Firma Carl Neusser Pforzheim / Horst Schmied • 1987–94 Akademie der Bildenden Künste, München / Hermann Jünger, Otto Künzli

Enseignement depuis teaching since • 1989 ateliers workshops

Bague ring / 2006 / argent oxydé, pierres de verre, époxy oxidised silver, glasstones, epoxy / 60 x 40 x 50 mm

Le principal avantage de l'école des beaux-arts, c'est qu'on a au maximum six ans pour étudier ! Cela paraît très long. Mais c'est juste assez pour avoir la possibilité de découvrir ce que l'on veut personnellement.

J'aime vraiment créer quelque chose dans lequel toute mon expérience, mes convictions et mes aspirations entrent en jeu, prennent forme. Comme le bijou devient alors communication et relation avec les gens, je partage quelque chose avec les gens qui aiment mes bijoux et qui les achètent.

The best thing in the academy is that you have maximum 6 years time to study! It sounds a very long time. But it's just time enough to have the chance to find out what YOU want.

I really love to create something, where all my experiences, my convictions, my longings take place, take form. This way jewellery becomes a way of communicating and connecting with people. I have something in common with people who love and buy my jewellery.

1960, DE
Formation education • 1990–96 Akademie der Bildenden Künste, München / Hermann Jünger, Otto Künzli
Enseignement depuis teaching since • 2006 Akademie der Bildenden Künste, München

Broche brooch / 2003 / argent, pyrite silver, pyrit / 90 x 80 x 10 mm

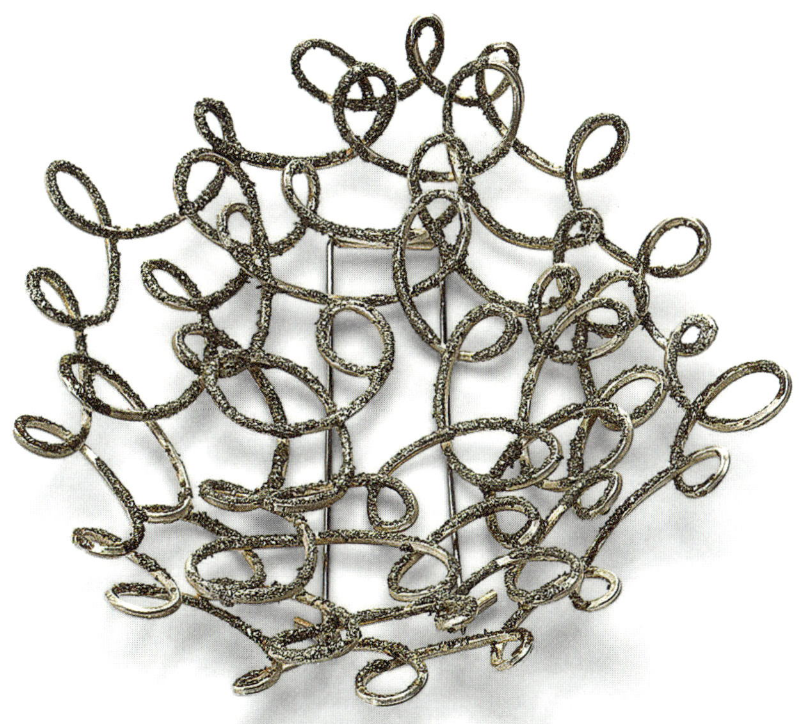

KAREN PONTOPPIDAN

Enseigner, pour moi, c'est une façon de remettre en cause mes connaissances et mes préjugés. Je crois que tous nos élèves sont des artistes avant d'assister aux cours. Être artiste, c'est une manière d'observer le monde. Être artiste, c'est un besoin de s'exprimer. Je ne peux pas apprendre à quelqu'un à créer de l'art mais je peux développer la capacité des élèves à communiquer leurs pensées par le biais d'un objet. Les préparer à devenir des artistes professionnels, avec tout ce que cela suppose. Je peux offrir aux élèves les compétences qui feront d'eux des artistes de métier.

Teaching for me is a way of challenging my knowledge and my preconceptions. I believe that all our students are artists before they join the programme. To be an artist is a way of observing the world. To be an artist is a need to express yourself. I cannot teach anyone how to make art, but I can develop the students' capability to communicate their thoughts through an object. Train them to become professional artists, with all that this includes. I can offer the students the skills that will make them artists by profession.

1968, DK
Formation education • 1988–91 Berufkolleg für Formgebung, Schmuck und Gerät, Schwäbisch Gmünd, DE
• 1991–97 Akademie der Bildenden Künste, München / Otto Künzli
Enseignement teaching • 2000–06 Akademie der Bildenden Künste, München • depuis since 2006 Ädellab, Konstfack, Stockholm

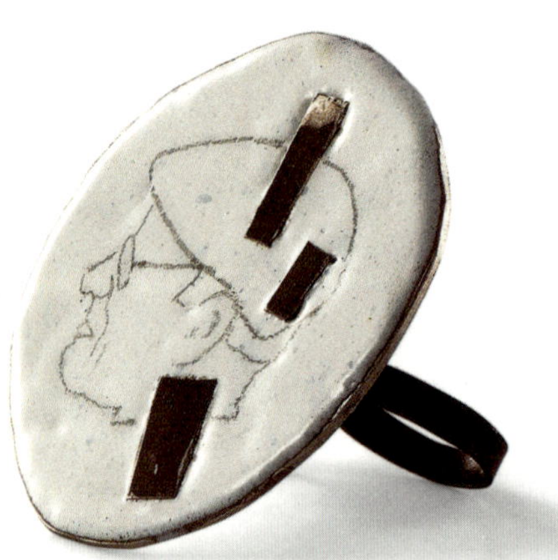

Bague ring / 2007 / argent, or, émail silver, gold, enamel / Ø ca 45 mm

ADAM GRINOVICH

Le départ pour la Suède afin d'y préparer un master [a marqué une étape charnière dans ma formation]. J'ai quitté une situation très confortable, dans une ville où j'avais passé toute ma vie. Je connaissais tous les usages, je savais à qui parler, comment parler, comment me présenter, ce que les gens attendaient de moi. Au début, l'éloignement m'a paru extrêmement libérateur. Je pouvais redémarrer sur de nouvelles bases. Il est vite devenu évident que l'affirmation d'une nouvelle identité (artistique et personnelle) soulevait d'énormes difficultés. D'une certaine façon, la perte de repères et les efforts pour garder simplement la tête hors de l'eau, si l'on peut dire, m'ont rapproché des choses vraiment importantes dans ma vie. C'est, à mon sens, une espèce de décantation, qui élimine tout le superflu à bien des égards.

Moving to Sweden to pursue a Masters degree [has been a key step in my education]. I left a very comfortable situation, in a place I had lived for my entire life. I knew how to live there, I knew who to talk to, how to talk, how to present myself, what people expected from me. At first, moving away seemed to be extremely freeing, so that I could start afresh. It became clear quite quickly that establishing a new identity (both artistically and personally) was an overwhelmingly difficult process. In a way losing myself, and just trying to keep my head above water, so to speak, brought me closer to the things that were really important in my life. I feel that it is a kind of distilling process, in so many ways it strips away the unnecessary elements.

1981, US
Formation education • 1999–2003 Massachusetts College of Art, Boston / Joseph Wood • 2003 Opere International Jewelry School, Ravenstien, NL / Ruudt Peters • depuis since 2006 Ädellab, Konstfack, Stockholm / Karen Pontoppidan

Crystal Pin Ring / bague ring / 2007 / argent, biorésine, plâtre, cristal, crin de cheval silver, bioresin, plaster, crystal stone, horse hair / 40 x 30 mm

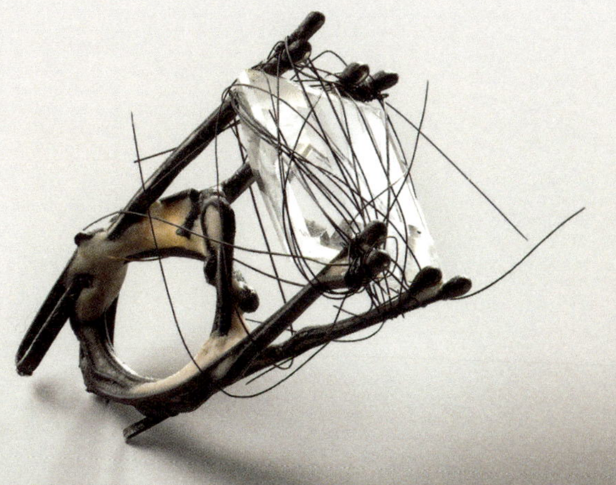

PETER BAUHUIS

1965, DE

Formation education • 1986–90 Staatliche Zeichenakademie Hanau, DE • 1993–99 Akademie der Bildenden Künste, München / Otto Künzli

Physalia / broches brooches / 2000–2005 / argent, or, alliages de cuivre silver, gold, copper alloys / 45 x 36 x 30 mm / 65 x 25 x 20 mm

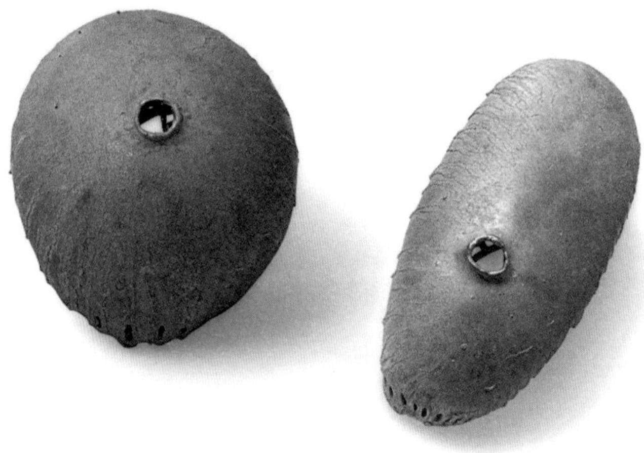

À présent, j'apprécie (enfin !) les compétences acquises lors de mon apprentissage. J'apprécie la méthode de travail audacieuse dont j'ai fait l'expérience auprès de Georg Spreng, j'apprécie la largeur et la profondeur de vue dans le mode de réflexion conceptuel que m'a enseigné Otto Künzli (même s'il m'est toujours difficile de ne pas remettre en question et d'analyser chacune des décisions que je prends en réalisant un bijou).

Ceux qui portent les bijoux évoluent en public, deviennent eux-mêmes des expositions. Ils remplacent les murs. Dans le meilleur des cas, ils font partie de l'œuvre. Ils s'exposent à l'opinion en tant que personnes contemporaines complexes, cultivées et intellectuelles. Ils mettent véritablement à portée de main l'incongru, le petit-bourgeois, le kitsch, le trivial, le primitif, le futile et l'inepte. Et vice-versa. Un moirage. Ce chatoiement, impossible à capter et à fixer, c'est ce que je veux.

– Que cherchez-vous à obtenir en créant des bijoux ?

– La gloire, la sagesse et une Toyota Corolla.

I now (finally!) value the skills I learned in my apprenticeship, I value the fearless way of working that I experienced with Georg Spreng, I value the deeper and wider view in conceptual thinking that I learned with Otto Künzli. (Although it's still a challenge for me not to question and to analyse every step I take when I am making a piece.)

Wearers of jewellery move in the open, they are the exhibitions, they replace the wall; in the best case scenario, they are a part of the work, they expose themselves to opinion, as cultivated, intellectual, complex contemporary conceptual beings; they bring the embarrassing, the petit bourgeois, the kitsch, trivial, primitive, shallow and silly, within reach, in the full sense of the word. And vice versa. A moiré-effect. This shimmer, that you can't sort out and arrange, is what I want.

– What do you wish to achieve in creating jewellery?

– Fame, wisdom and a Toyota Corolla

1968, CH

Formation education • 1989–93 Basel / Kurt Degen • 1993–95 Schwäbisch Gmünd, DE / Georg Spreng • 1995–2001 Akademie der Bildenden Künste, München / Otto Künzli

Enseignement depuis teaching since • 2006 Burg Giebichenstein, Hochschule für Kunst und Design, Halle

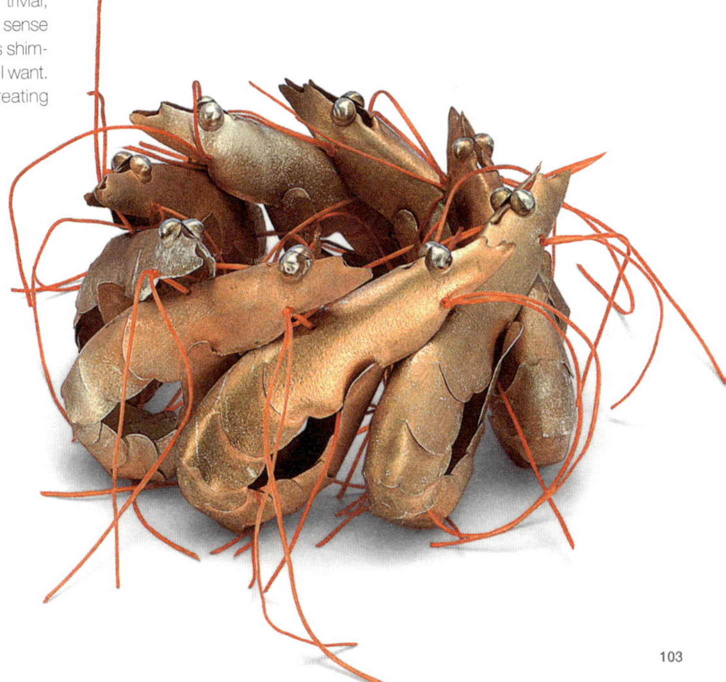

Scampi / bracelet bracelet / 2007 / argent plaqué cuivre, élastiques copper plated silver, elastics / ø 100 mm

EIJA MUSTONEN
• TARJA TUUPANEN
• NELLI TANNER

SOUTH CARELIA POLYTECHNIC, ART AND DESIGN,
LAPPEENRANTA, FI

L'enseignement de la bijouterie a changé. Avant, la formation était plus technique que créative, et puis c'est devenu pratiquement l'inverse, et maintenant elle est les deux à la fois.

The way jewellery is taught has changed. Before, education used to be more technical than creative, in between it was almost upside down, and at the moment it is both.

1961, FI
Formation education • 1981–83 Lappeenranta College of Crafts and Design, stonework / Juhani Heikkilä • 1983–87 Lahti Design Institute, silversmith / Mikko Seppälä
Enseignement teaching • 1991–98 Lappeenranta College of Crafts and Design • depuis since 1994 South Carelia Polytechnic, Lappeenranta

Flow / broche brooch / 2006-07 / biorésine, argent bioresin, silver / 140 x 65 x 20 mm

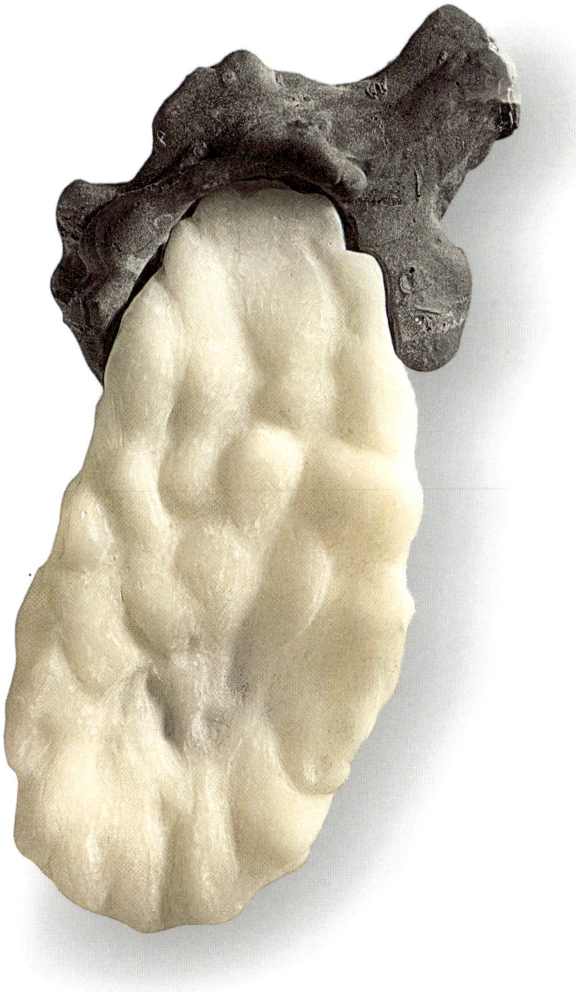

TARJA TUUPANEN

L'école a été une source d'encouragement pour moi. Il y avait une grande ouverture d'esprit et une curiosité pour ce qui se passait dans le monde du bijou européen à l'époque (entre la fin des années 1990 et le début des années 2000). Nous avions aussi beaucoup de professeurs et de chargés de cours invités (finlandais ou étrangers). Cet aspect me semblait – et me semble toujours – très important. Il permet d'élargir le champ de vision.

Je ne peux pas dire qu'un moment ou un événement en particulier ait changé le monde pour moi ou m'ait fait devenir une artiste du bijou. Mais je pense que, par chance, tout est arrivé dans le bon ordre et au bon moment.

The school was encouraging for me. It was also open-minded and curious towards what was happening in the jewellery world in Europe at that time (late 1990s, early 2000s). We had also quite a lot of guest teachers and lecturers (both foreign and domestic), which I feel was very important, and still is. It gives you a wider perspective on things.

I would not say that there had been a single moment or happenstance which changed my world, or made me a jewellery artist. But I think that everything luckily enough happened to me in the right order and at the right time.

1973, FI

Formation education • Lappeenranta College of Crafts and Design / Eija Mustonen • 1995–99 South Carelia Vocational College, Lappeenranta / Eija Mustonen, Helena Lehtinen • 2003 South Carelia Polytechnic, Lappeenranta / Ruudt Peters, Helena Lehtinen

Enseignement depuis teaching since • 2000 South Carelia Polytechnic, Lappeenranta

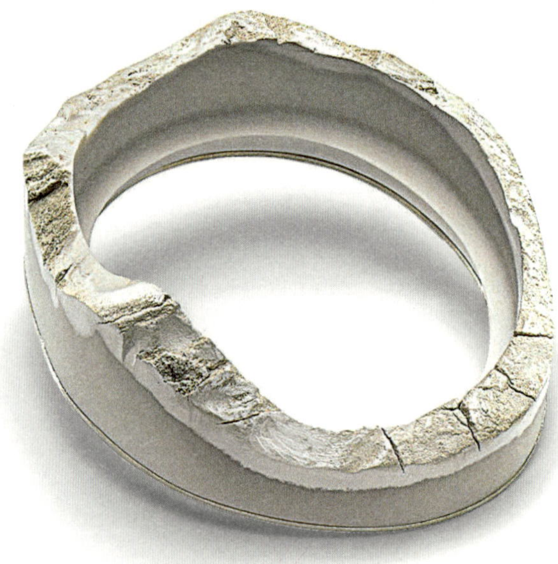

Portrait II / broche brooch / 2007 / quartz blanc, argent white quartz, silver / 64 x 74 x 25 mm

Une des choses que m'a apprises Eija, c'est l'importance de la qualité du travail. Le soin apporté se voit dans le résultat. Je n'oublie pas, par exemple, quand je monte une broche, que le dos est aussi important que le devant.

– Que cherchez-vous à obtenir en créant des bijoux ?

– Mêler les histoires imaginaires à la vie réelle.

One of the things I learned from Eija is the importance of quality. How you treat things is seen in the result. I still remember that, for example while doing the mechanisms for brooches; that the back is as important as the front.

– What do you wish to achieve in creating jewellery?

– Mixing storytelling and everyday lives.

1976, FI

Formation education • 1996–99 South Carelia Vocational College, Lappeenranta / Eija Mustonen • 2000 South Carelia Polytechnic, Lappeenranta / Eija Mustonen • 2001–03 Gerrit Rietveld Academie, Amsterdam / Iris Eichenberg, Hilde de Decker, Ellert Haitjema, Evert Nijland

The Portrait of the Captured / broche-bouton buttonholebrooch / 2006 / zinc, argent, bois, peinture, fil zinc, silver, wood, paint, thread / 100 x 80 x 10 mm

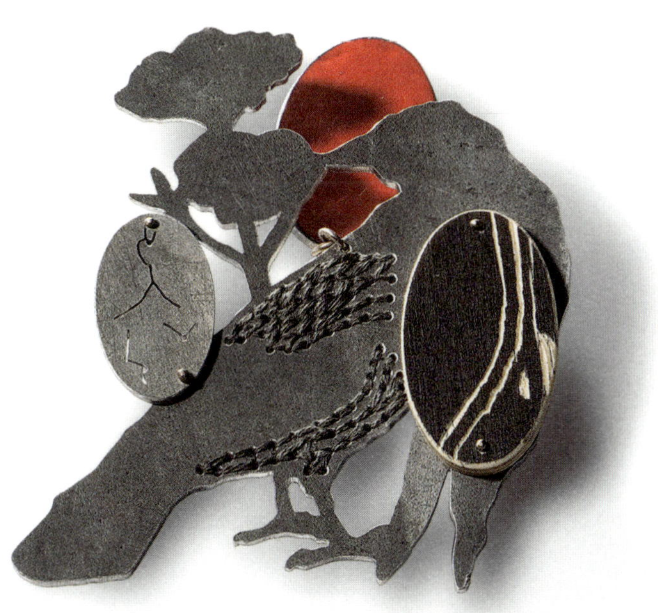

RUUDT PETERS
• IRIS EICHENBERG
• NOÉMIE DOGE

GERRIT RIETVELD ACADEMIE, AMSTERDAM, NL

Pendant ma formation, je n'avais pas envie d'étudier la gemmologie ou l'histoire de l'art parce que ce n'était pas très affriolant dans les années 1970. Mais en continuant à me former, je me suis aperçu que l'histoire de l'art était le fondement de l'art et de la création de bijoux contemporains.

J'exerce les élèves à aller à leurs propres sources. Cela veut dire qu'ils doivent savoir où ils se situent dans le contexte de la philosophie et de l'histoire de l'art.

Tous mes élèves doivent travailler longtemps avec un matériau qu'ils détestent franchement! Pour vaincre la résistance qui s'installe quand on n'aime pas quelque chose. On découvre des qualités précieuses dans des matériaux mal aimés. On crée de l'or avec de la merde.

During my education I didn't want to learn anything about gemmology or art history because it was not sexy to do it in the 70s. Through self-study I realised later on that art history is the foundation of our contemporary art and jewellery art.

I train students to get to their own source. This means they need to know where they take their position in the context of philosophy and art history.

All my students have to work for a long period with a material they really hate! To go through the resistance you build up when you don't like something. You will find the preciousness in un-liked materials. You create gold from shit.

1950, NL
Formation education • 1970–74 Gerrit Rietveld Academie, Amsterdam / Karel Niehorster, Peter Hogenesch
Enseignement teaching • 1990–2000 Gerrit Rietveld Academie, Amsterdam • depuis since 2001 Opere International Jewelry School, Ravenstein, NL • depuis since 2004 Ädellab, Konstfack, Stockholm, SE

Ama / série series *Sefiroth* / broche brooch / 2007 /
argent, crin de cheval silver, horse hair /
100 x 90 x 60 mm

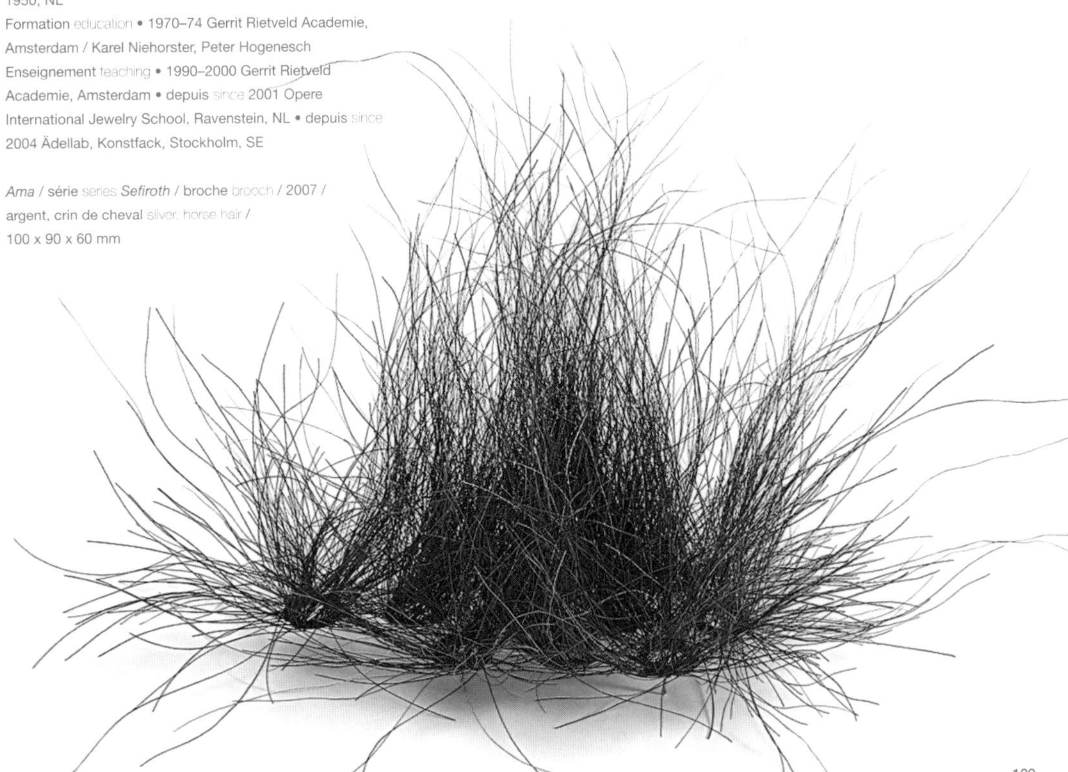

IRIS EICHENBERG

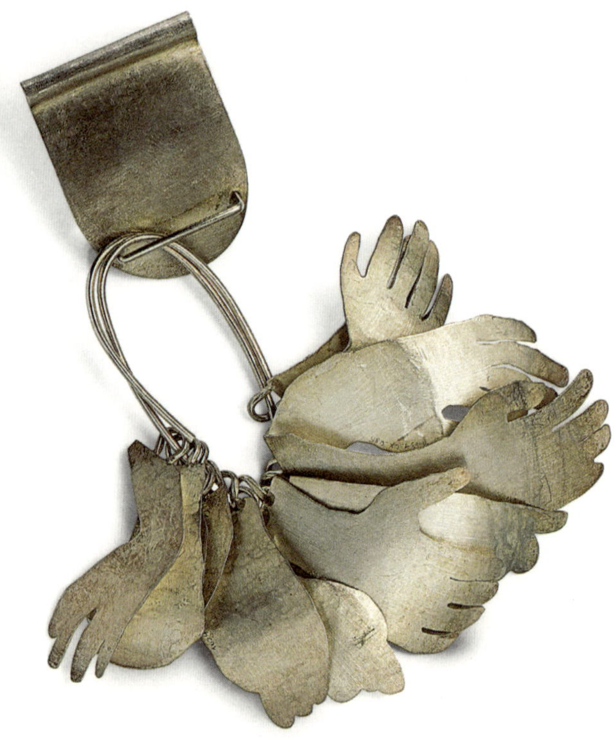

Il y a un exercice que je propose souvent à mes élèves : environ deux cents questions sur leur enfance et leurs premiers souvenirs. Je crois que l'on ne crée pas une autre personne en formant un élève. On peut seulement l'aider à mieux comprendre qui il est, quelles sont ses préoccupations et ses sources d'admiration, comment il peut s'en servir pour élaborer son écriture personnelle d'artiste.

Je pose ce genre de questions :

Quel bruit faisait la porte d'entrée en claquant ?

Quelle sorte d'isolation y avait-il entre la baignoire et le carrelage ?

Quelle sorte d'empreinte le tapis du salon vous laissait-il sur les genoux nus ?

Quelle était l'odeur des coussins du canapé quand vous y enfouissiez votre visage pour pleurer ?

À quoi ressemblait le parfum de votre mère quand elle sortait le samedi soir ?

Quand avez-vous trouvé que vous aviez du charme pour la première fois ?

Etc.

There is an assignment I often give to my students. Around 200 questions about their childhood and the first things they can remember. I do believe that you are not creating a new person through education, you can only help them gain insights into who they are, what their obsessions and fascinations are, and how they can use and believe in these to develop a handwriting as an artist.

The questions would be like:

What was the sound of the front door being slammed?

What was the insulation in between your bathtub and the tiles like?

What kind of imprint would your living-room carpet leave in your naked knees?

What was the smell of the sofa cushions if you would bury your head in them and cry?

What was the smell of your mother like when she left on Saturday night for a party?

When did you consider yourself sexy for the first time?

Etc.

1965, DE

Formation education • 1989–94 Gerrit Rietveld Acadamie, Amsterdam / Onno Boekhoudt, Ruudt Peters, Marion Herbst

Enseignement depuis teaching since • 1997 Gerrit Rietveld Academie, Amsterdam • 2006 Cranbrook Academy of Art, Michigan, US

Timelines / broche brooch / 2007 / argent silver / 180 x 60 x 30 mm

La formation donnée à la Rietveld Academie n'insiste pas beaucoup sur les aspects techniques, au contraire de ce que j'ai pu recevoir à Genève, par exemple. J'ai donc surtout appris la débrouille et l'improvisation. Faire beaucoup à partir de presque rien et surtout trouver des solutions aux problèmes techniques, même avec des moyens limités.

Il faut d'abord faire et ensuite réfléchir. La bijouterie passe par les mains ; il faut donc leur faire confiance. [...] Il faut découvrir et inventer sa propre méthode. La mienne passe par l'errance, le dessin, la lecture, le doute et les doigts coupés.

The training given at Rietveld Academie does not insist much on technical aspects, far different from the training I received in Geneva for instance. What I learned mostly was to make do and improvise. To make a lot from very little and mostly find solutions for technical problems, even with limited means.

One must first make something and then think. Jewellery comes through the hands: one must trust them. [...] One must find one's own method. Mine comes from wandering, drawing, reading, doubting and cuts on my fingers.

1983, CH
Formation education • 2002–04 Haute école d'arts appliqués, Genève / Esther Brinkmann, Fabrice Schaefer
• 2004–07 Gerrit Rietveld Academie, Amsterdam / Iris Eichenberg, Hilde de Decker, Evert Nijland

Wheel 1 / collier neckpiece / 2006 / chambre à air, alpaca inner tube, alpaca / 520 x 100 x 100 mm

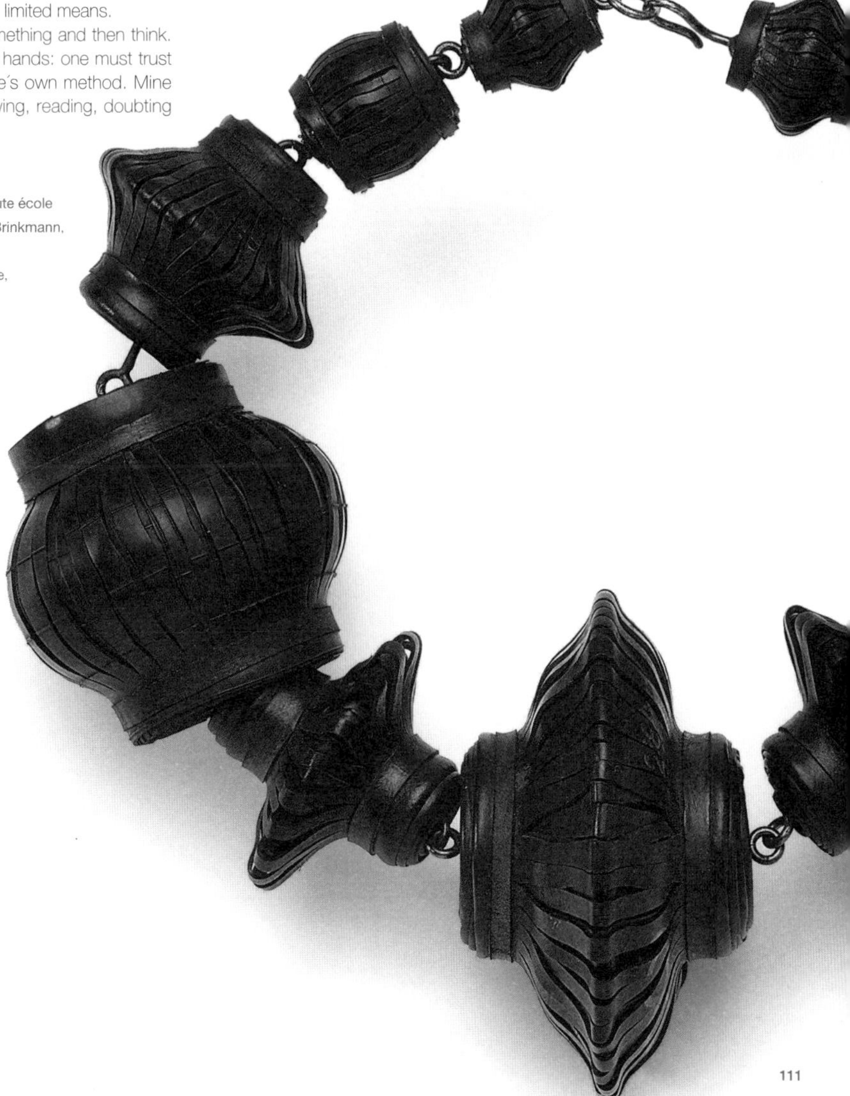

DOROTHEA PRÜHL
• ANDREA WIPPERMANN
• BEATE KLOCKMANN

BURG GIEBICHENSTEIN HOCHSCHULE FÜR KUNST
UND DESIGN, HALLE, DE

J'ai appris que l'art ne pouvait être séparé de la vie, que tout ce qui est fait avec un engagement entier fait sens.

Je dis à mes élèves : « Le pire est de ne rien faire par crainte de ne pas le faire assez bien. »

I learned that art could not be separate from life, that only things done with total commitment make any sense.

I tell my students: "The very worst is to do nothing for fear of not doing it right."

1937, DE
Formation education • 1957–62 Burg Giebichenstein Hochschule für Kunst und Design, Halle / Karl Müller
Enseignement teaching • 1965–2002 Burg Giebichenstein Hochschule für Kunst und Design, Halle

Habicht / collier neckpiece / 2007 /
bois d'orme elmwood /
chaque élément each form
L 160 mm

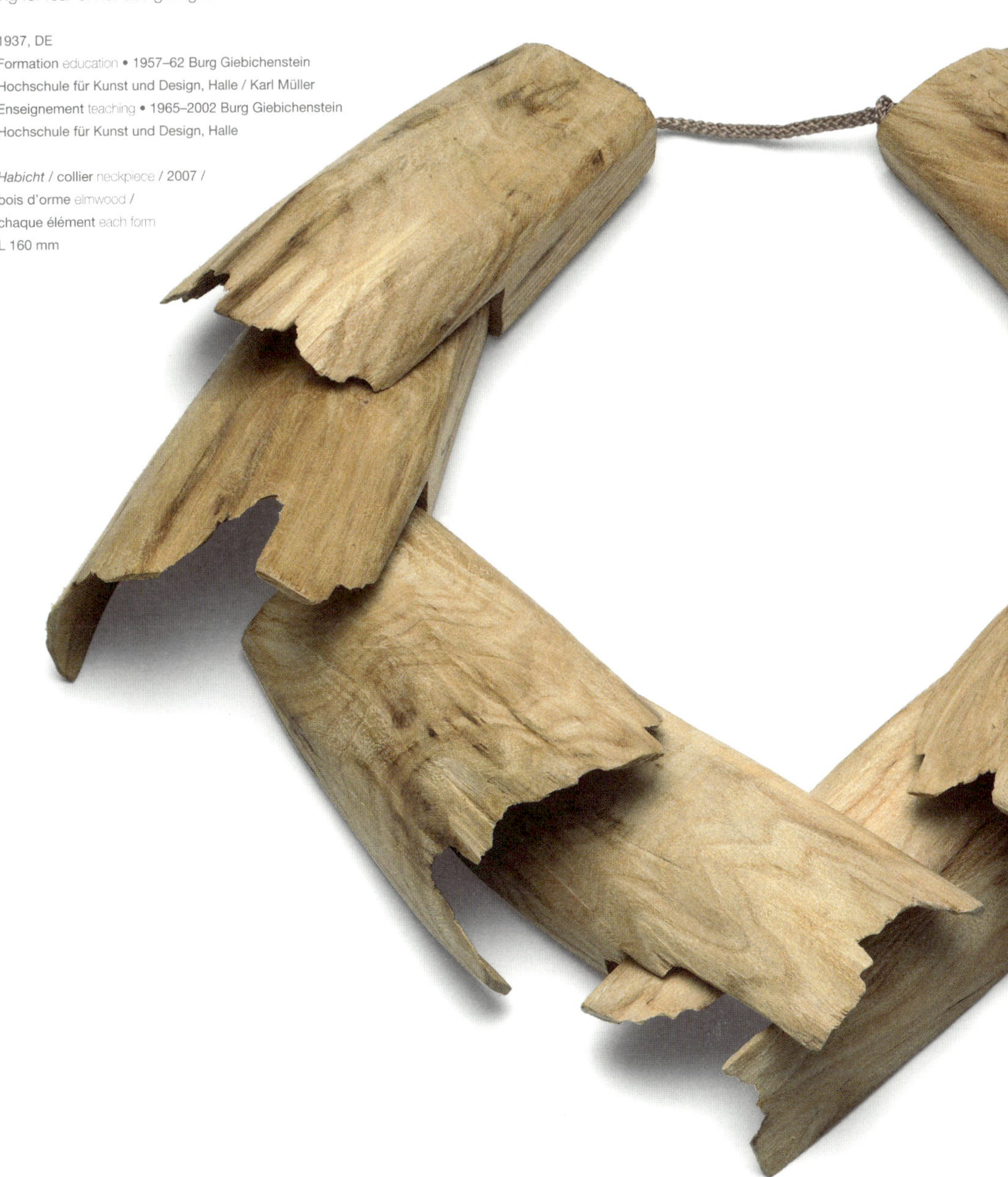

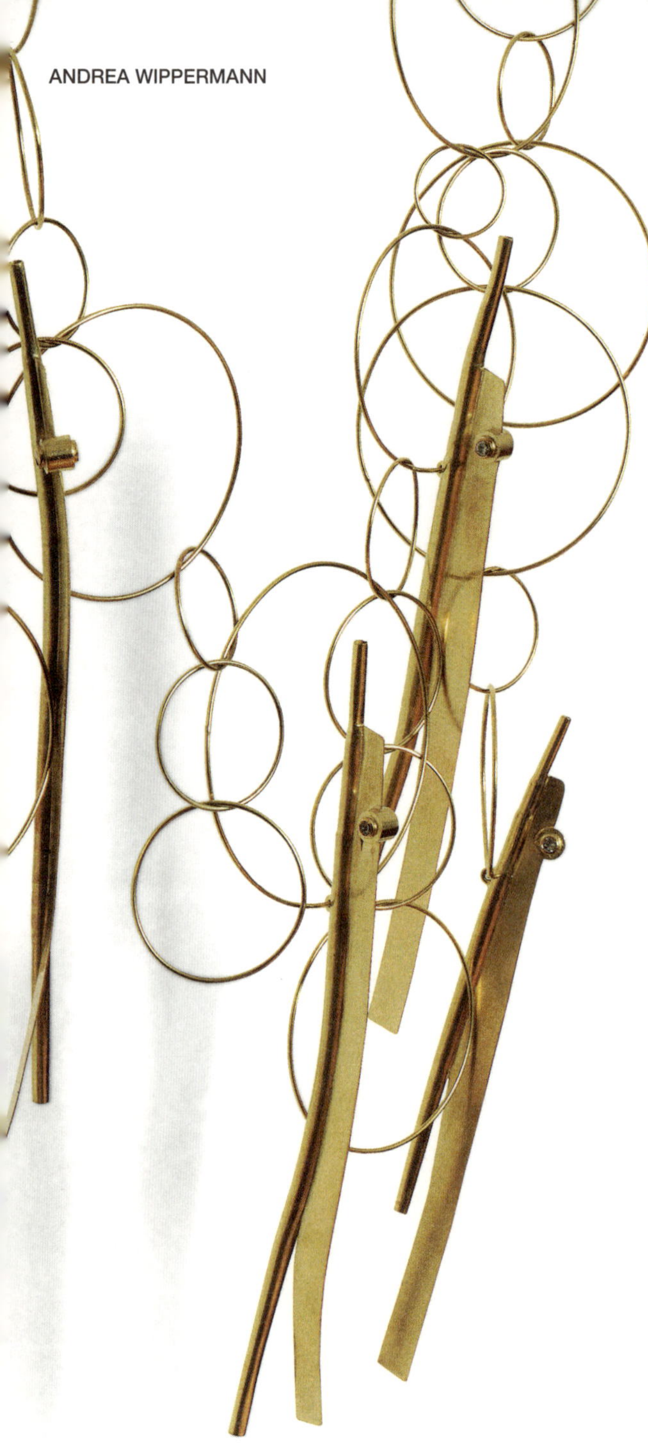

ANDREA WIPPERMANN

Nous nous rencontrons souvent, nous nous montrons nos derniers travaux et nous en parlons ensemble. Dorothea Prühl est devenue une merveilleuse amie !

We often meet up, we show each other our latest works, and we talk about them together. Dorothea Prühl has become a wonderful friend !

1963, DE
Formation education • 1985–93 Burg Giebichenstein Hochschule für Kunst und Design, Halle / Dorothea Prühl
Enseignement depuis teaching since • 2006 Hochschule Wismar, DE

Fische
Collier neckpiece / 2007 / or gold / chaque élément each part L 120 mm / Marzee Collection, NL

Wolfgang Koch m'a appris à respecter et aimer l'orfèvrerie. Dorothea Prühl m'a expliqué qu'il était important de franchir une limite pour donner à l'objet la force qui lui permettra de toucher les gens. Philip Sajet m'a énormément encouragée et il m'a appris à garder mon calme.

Quand je suis heureuse, je crée des bijoux, mais parfois j'ai envie d'être heureuse, et donc je crée des bijoux.

Wolfgang Koch taught me to respect and love goldsmithing. Dorothea Prühl explained to me that it is important to stretch one's boundaries to give a piece an intensity, so it would touch the people. Philip Sajet gave me a lot of energy and taught me to relax.

When I'm happy, I make jewellery; but sometimes when I want to be happy I make jewellery.

1972, DE
Formation education • 1990–94 Zella-Mehlis, DE / Wolfgang Koch • 1994–2001 Burg Giebichenstein Hochschule für Kunst und Design, Halle / Dorothea Prühl, Philip Sajet
Enseignement depuis teaching since • 2003 ateliers workshops

Bague ring / 2002 / ambre, argent plaqué or amber, gold-plated silver / 50 x 35 x 25 mm

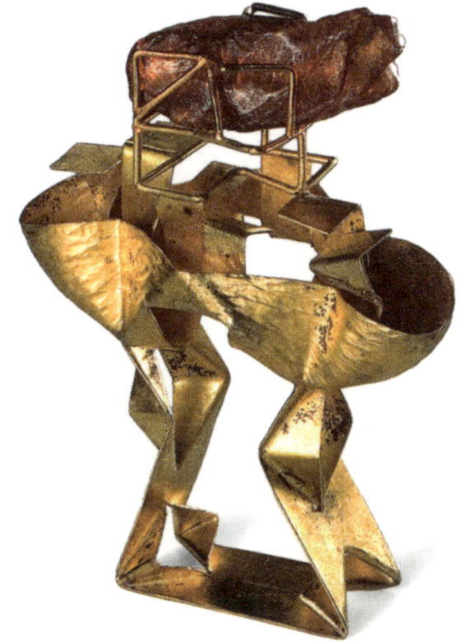

RAMON PUIG CUYAS

- XAVIER DOMÈNECH
- MARC MONZÓ
- GEMMA DRAPER

ESCOLA MASSANA, BARCELONA, SP

Je rappelle constamment à mes élèves [...] qu'il n'existe pas de création sans une attitude de prise de risque, un profond désir de connaissance et une envie de satisfaire sa curiosité. Je leur dis aussi qu'ils ne doivent pas craindre de se tromper, que l'important n'est pas d'expliquer, de s'exprimer, mais bien de s'interroger et que la création commence là où s'arrête la parole. [...] Que je veux qu'ils pensent avec les mains.

Les élèves m'ont rendu beaucoup plus sage [...]. Ce qui est sûr, c'est que s'il n'y avait pas leur exigence, leurs questions inquisitrices et la pleine conscience que j'ai d'être responsable de leur formation, je ne serais pas aussi exigeant avec moi-même et mon travail en tant qu'artiste ne serait pas ce qu'il est aujourd'hui.

At any given moment, I remind the students [...] that there is no creation without an attitude towards taking risks, nor without a deep need to learn or a yen to satisfy one's curiosity. I tell them that they must not worry about making mistakes, that what is important is not explaining or expressing oneself but questioning oneself. That creation begins where words end. [...] That I want them to think with their hands.

The students have made me far wiser [...]. What is certain, is that without their demands, without their searching questions, without the feeling that I am responsible for their training, I would never have been as demanding with myself, and my work as an artist would not be what is has become today.

1953, SP
Formation education • 1969–74 Escola Massana, Barcelona / Antoni Nadal, Francesc Nel-lo, Ana Font
Enseignement depuis teaching since • 1977 Escola Massana, Barcelona

Série series *Imago mundi - Sic itur at astra*
Broche brooch / 2007 / argent, plastique, maillechort, concrétions calcaires, peinture acrylique silver, plastic, nickelsilver, chalcanic concretions, acrylic painting / 55 x 55 x 7 mm

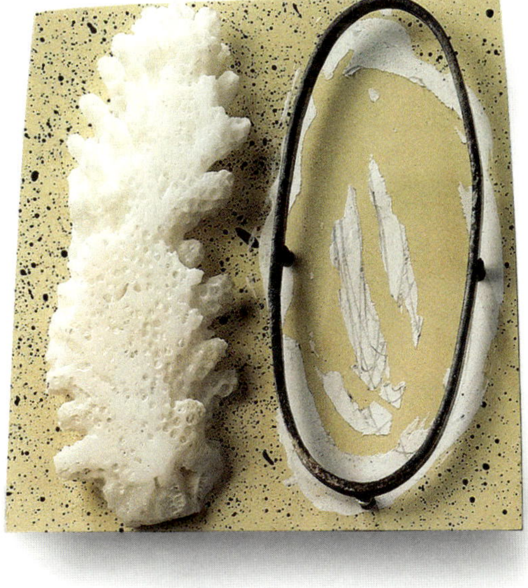

XAVIER DOMÈNECH

Ramon et moi avons travaillé ensemble sur plusieurs projets d'exposition et de diffusion du bijou contemporain. Nous nous sommes amusés à regarder la vie par le trou d'une bague... Je ne sais pas si on peut parler de fidélité. C'est d'amitié qu'il s'agit.

Ce que m'a transmis Ramon, c'est une attitude. D'enthousiasme, de besoin, d'aventure, de conquête. Que ce soit à l'atelier, à l'école ou dans la vie quotidienne.

Ramon and I have worked together on several projects for exhibitions and to promote contemporary jewellery. We had fun looking at life through the hole of a ring... I don't know if one calls this being faithful. It is all about friendship.

What Ramon brought me was an attitude. Of enthusiasm, of need, of adventure, of achievement. Whether in the workshop, in school or in daily life.

1960, SP
Formation education • 1984–88 Escola Massana, Barcelona / Ramon Puig Cuyas
Enseignement teaching • 1989–2004 Escola Massana, Barcelona

Série series *E-Motions* / broche brooch / 2000 / argent silver / 50 x 70 x 30 mm

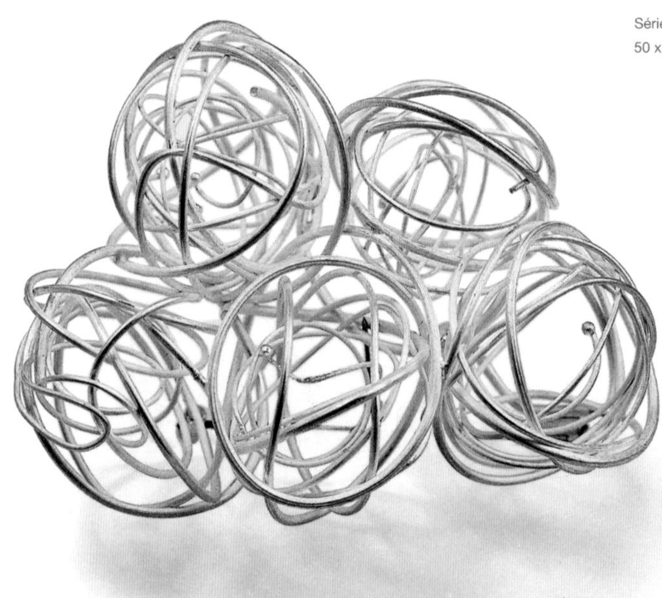

Je crois que je n'ai jamais été fidèle à mon professeur. Nous n'avons pas du tout la même façon d'envisager le métier et de créer des bijoux. J'ai appris grâce à lui l'importance du travail. Je le trouvais très travailleur.

L'Escola Massana et tous ses professeurs et les bijoutiers pour qui j'ai travaillé après mon apprentissage m'ont montré comment élaborer un langage et un travail personnels. C'est pour moi un outil important.

Je répète souvent à mes élèves : « Pensez avec vos mains. »

I think that I have never been faithful to my teacher. We have completely different ways of facing our craft and making jewellery. I learned from my teacher the importance of working. I felt he was a hard worker.

The Escola Massana and all their teachers and jewellers I worked for after my apprenticeship showed me how to develop a personal language and work. For me, this is an important tool.

I often repeat to my students: "Think with your hands".

1973, SP
Formation education • Apprentissage apprenticeship Barcelona / Enric Majora • 1992–97 Escola Massana, Barcelona / Ramon Puig Cuyas

Big Solitaire Brooch / broche brooch / 2005-2006 / argent, zircon, acier silver, zircon, steel / 25 x 65 x 65 mm

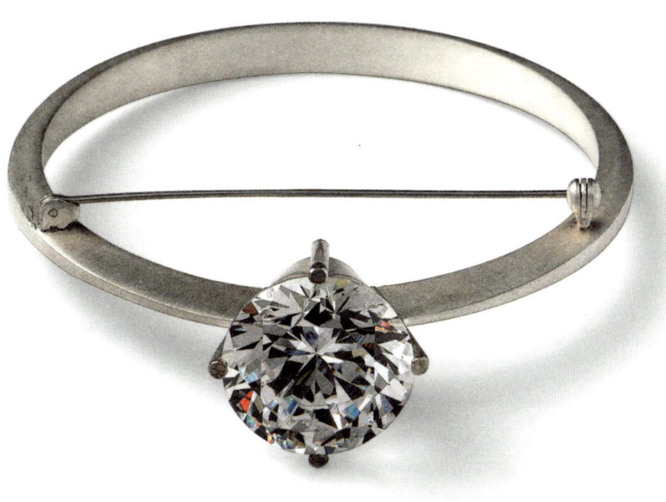

GEMMA DRAPER

Étudier la philosophie ne m'a pas simplement donné de solides connaissances sur l'esthétique mais, plus important, cela m'a apporté le goût et les moyens de réfléchir et de comprendre le côté conceptuel de l'art.

J'aimerais que celui qui porte un de mes bijoux n'en soit pas conscient mais qu'il soit d'une certaine façon autre en le portant, parce que le bijou est différent lui aussi selon qui le porte et comment. J'aimerais que mes bijoux rencontrent ceux qui se sentent questionnés par eux. J'aimerais que mes bijoux n'aient pas seulement une signification mais qu'ils «agissent» sur l'âme et le corps de celui qui les possède. Ce n'est bien sûr qu'un souhait mais sinon, à quoi sert l'art?

Studying philosophy gave me not just a sound knowledge of aesthetics, but more importantly, a certain taste, and the skills needed to shed light on the conceptual part of art.

I strive so that the person wearing one of my pieces is not just aware of it, but somehow another person while wearing it, as the piece is also different depending on who wears it and how. I want my pieces to be worn by people who feel challenged by them. I want my pieces not just to mean something, but to "do" something to the soul and body of the owner. That is, of course, a desideratum, but then, what is art for?

1971, SP

Formation education • 1992–97 Universitat Autonoma de Barcelona, Bachelor of Arts in Philosophy • 1999–2003 Escola Massana, Barcelona / Ramon Puig Cuyas, Xavier Domènech, Carles Codina • depuis since 2007 Cranbrook Academy of Art, Michigan, US / Iris Eichenberg

It's Almost the Right Shape / collier neckpiece / 2005 / argent peint, argent oxydé, perles de corail, d'hématite et d'aiguemarine painted silver, oxidised silver, coral beads, aquamarine beads, haematite beads / 400 x 500 mm

GRAZIANO VISINTIN
• STEFANO MARCHETTI

ISTITUTO STATALE D'ARTE «PIETRO SELVATICO», PADOVA, IT

GRAZIANO VISINTIN

J'ai le sentiment d'être fidèle à l'enseignement de Giampaolo Babetto : cela se voit dans les travaux de mes élèves. [...] Il cherchait à faire émerger la personnalité particulière de chacun. [...] Je pense qu'il m'a transmis une attitude et une méthodologie. De mon côté, je crois transmettre un savoir-faire et une méthodologie.

Les exercices auxquels je soumets mes élèves sont en général des exercices de précision, je leur apprends l'usage correct des outils, les techniques de travail du métal.

I feel I've remained faithful to the teachings of Giampaolo Babetto: it shows up in the works of my students. [...] He tried to draw out the true personality of each one of us. [...] I believe he passed along both an attitude and a methodology. As for me, I believe I transmit know-how and a methodology.

The exercises I impose on my students are usually exercises in precision, I teach them to use tools properly, and the techniques of metalworking.

1954, IT

Formation education • 1968–73 Istituto Statale d'Arte « Pietro Selvatico », Padova / Giampaolo Babetto

Enseignement depuis teaching since • 1976 Istituto Statale d'Arte « Pietro Selvatico », Padova

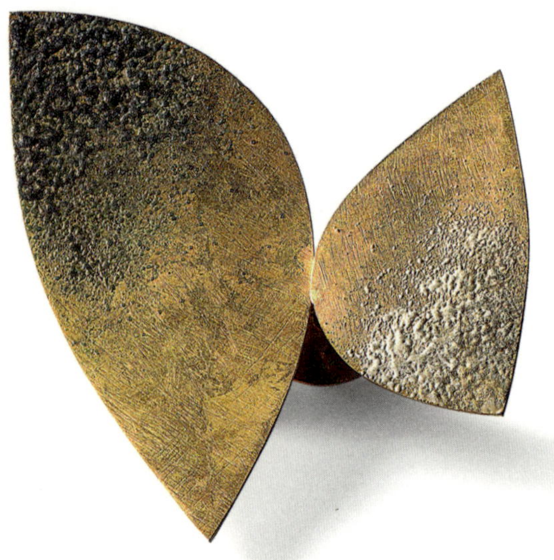

Broche brooch / 2007 / or jaune, émail, feuille d'or gold, enamel, gold leaf / 68 x 55 mm

L'école, en particulier Francesco Pavan, m'a révélé l'utilité d'une discipline dans le monde réel, en me faisant comprendre que les études avaient un sens, une fonction. J'ai appris que l'art et la bijouterie n'étaient pas de simples matières scolaires.

Normalement, les élèves obtiennent leur diplôme à dix-huit ans à l'Istituto Statale d'Arte « Pietro Selvatico ». À cet âge, on est souvent un peu perdu et cela change tout si on a de bons professeurs. J'ai eu la chance de rencontrer de bons professeurs. [...] Francesco Pavan a choisi quelques élèves et, en même temps, les élèves l'ont choisi. C'est sans doute parce que le professeur et les élèves partageaient déjà beaucoup de points de vue.

La seule façon d'être fidèle à un bon professeur, c'est d'être soi-même, et c'est ce que j'ai toujours fait dans ma vie.

The school, and in particular Francesco Pavan, showed me how a discipline may work in the real world, by letting me understand that the school has a meaning, a function. I learned that Art and Jewellery were not just experiences related to the school.

Students are supposed to graduate at the Art institute "Pietro Selvatico" at the age of 18. At that age people are often confused, and the good teachers may make the difference. I was lucky, I met good teachers. [...] Francesco Pavan selected some students, and at the same time, the students were choosing him. That is probably because teacher and students were already sharing many points of view.

The only way to be faithful to a good teacher is by being yourself, and this is what I always did in my life.

1970, IT

Formation education • 1984–89 Istituto Statale d'Arte « Pietro Selvatico », Padova / Francesco Pavan, Graziano Visintin, Eugenio Pin, Renzo Pasquale, Licinio Ferrara • 1990–94 Accademia di Belle Arti, Venezia

Enseignement teaching • 1992–96 Istituto Statale d'Arte « Pietro Selvatico », Padova • 2007 Alchimia, Firenze

Broche brooch / 2007 / or gris, nielle white gold, niello / 80 x 60 x 35 mm

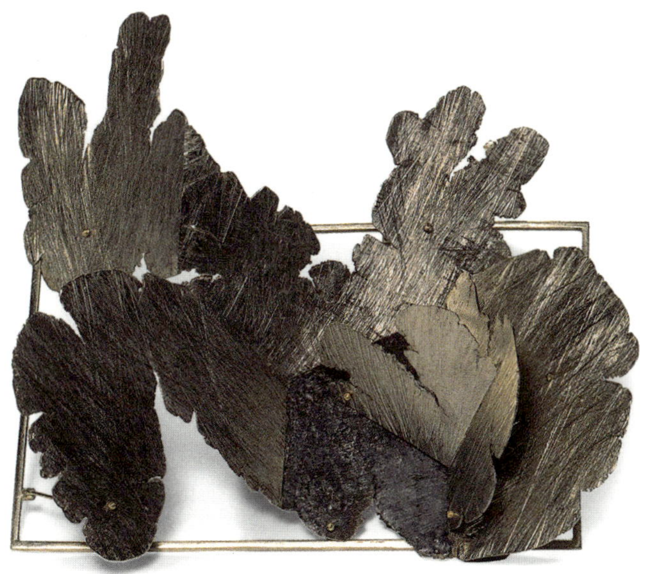

DAVID WATKINS / MICHAEL ROWE

ROYAL COLLEGE OF ART, LONDON, GB

- FELIX FLURY
- MAH RANA
- CHRISTOPH ZELLWEGER

DAVID WATKINS

J'ai souvent proposé aux étudiants de créer un bijou basé sur l'interprétation d'un morceau de musique particulier. Cela m'a apporté beaucoup de plaisir et des indications importantes sur leurs talents individuels. D'une certaine façon, cela leur a donné la « permission » de penser et de chercher une réponse en dehors du canevas des modèles préétablis dans le domaine du bijou, et d'entrer dans un contexte culturel plus large.

I often set an assignment based on the student's interpretation of a particular piece of music through the medium of jewellery. This gave me a lot of pleasure and important insights into their individual talents. In a way it gave them "permission" to think and respond "outside the box" of received models or current concerns in jewellery per se, and to engage with a broader cultural context.

1940, GB
Formation education • 1959–63, University of Reading, Berkshire / sculpture
Enseignement depuis teaching since • 1984 Royal College of Art, London • 2006 Centre for Jewellery Research, Royal College of Art, London

Palaces of the Night / bracelet bangle / 2003 / acier inoydable recouvert de plasma noir stainless steel layered with black plasma coating / ø 149 mm

MICHAEL ROWE

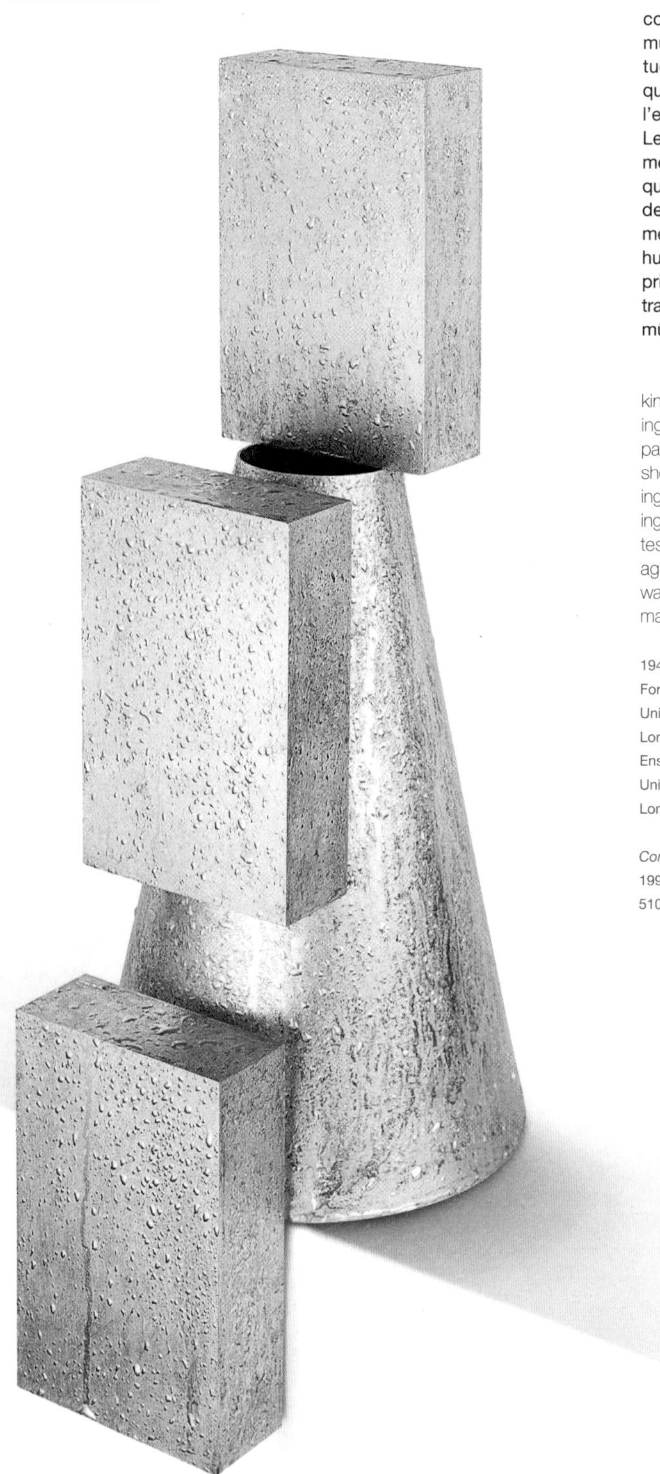

Un atelier ou des travaux dirigés vraiment constructifs peuvent devenir un mode de communication privilégié, un lieu d'échange intellectuel. Observer le cheminement intellectuel de quelqu'un d'autre, cela suppose de l'écoute et de l'empathie. Aider l'autre, c'est s'aider soi-même. Le dialogue doit créer une ouverture, un défilement, une circulation, tisser des liens, remettre en question, toujours remettre en question, demander « et si ? pourquoi pas ? », contester, réfuter, mettre à l'épreuve, bousculer, vivacité d'esprit et humour, volée d'étincelles, accords, désaccords, prises de risques, nouveaux chemins, surprises, transmission de connaissances, partage du savoir, mûres réflexions et jeunes intuitions.

A productive tutorial or critique can be a special kind of communication, a meeting of minds. Watching another mind at work involves listening and empathy; helping someone to help themselves. Dialogue should create an opening, an unfolding, a flow; making connections, questioning, always questioning, asking "What if?" and "Why not?", challenging, confronting, testing, teasing, with wit and humour, sparks flying, agreements, disagreements, risk-taking, new pathways, surprises, giving knowledge, sharing knowledge, matured thoughts, young perceptions.

1948, GB

Formation education • 1965–69 Buckinghamshire New University / Graham Arthur • 1969–72 Royal College of Art, London / Robert Goodden, David Mellor, Robert Welch
Enseignement teaching • 1972–84 Buckinghamshire New University • 1976–84 Camberwell College of Arts and Crafts, London • depuis since 1978 Royal College of Art, London

Conditions for Ornament No.25 / vase conique conical vase / 1994 / laiton, finition étain brass, tin finish / 510 x 185 x 220 mm

FELIX FLURY

L'étape cruciale de ma formation a été indéniablement mon départ de Suisse pour l'Angleterre. Cela m'a aidé à envisager plus librement le bijou. [...]

Matérialiser des émotions, c'est ce que fait le bijoutier.

The key step in my education was definitely the fact that I left Switzerland for England. It helped me to free my view on jewellery. [...]

To materialise emotions is what the jeweller does.

1959, CH
Formation education • 1978–82 Thun, CH / H+T Frieden • 1986–87 Sir John Cass Faculty of Art, London / Fritz Maierhofer • 1987–89 Royal College of Art, London / David Watkins, Michael Rowe, Elisabeth Holder, Manfred Bischoff, Otto Künzli
Enseignement teaching • 1993–2003 Haute école d'arts appliqués, Genève

Still Life / broche brooch / 1991 / argent silver / 70 x 70 x 40 mm

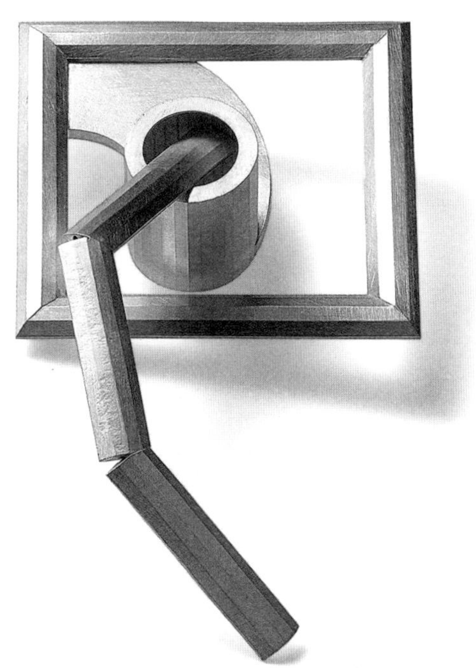

MAH RANA

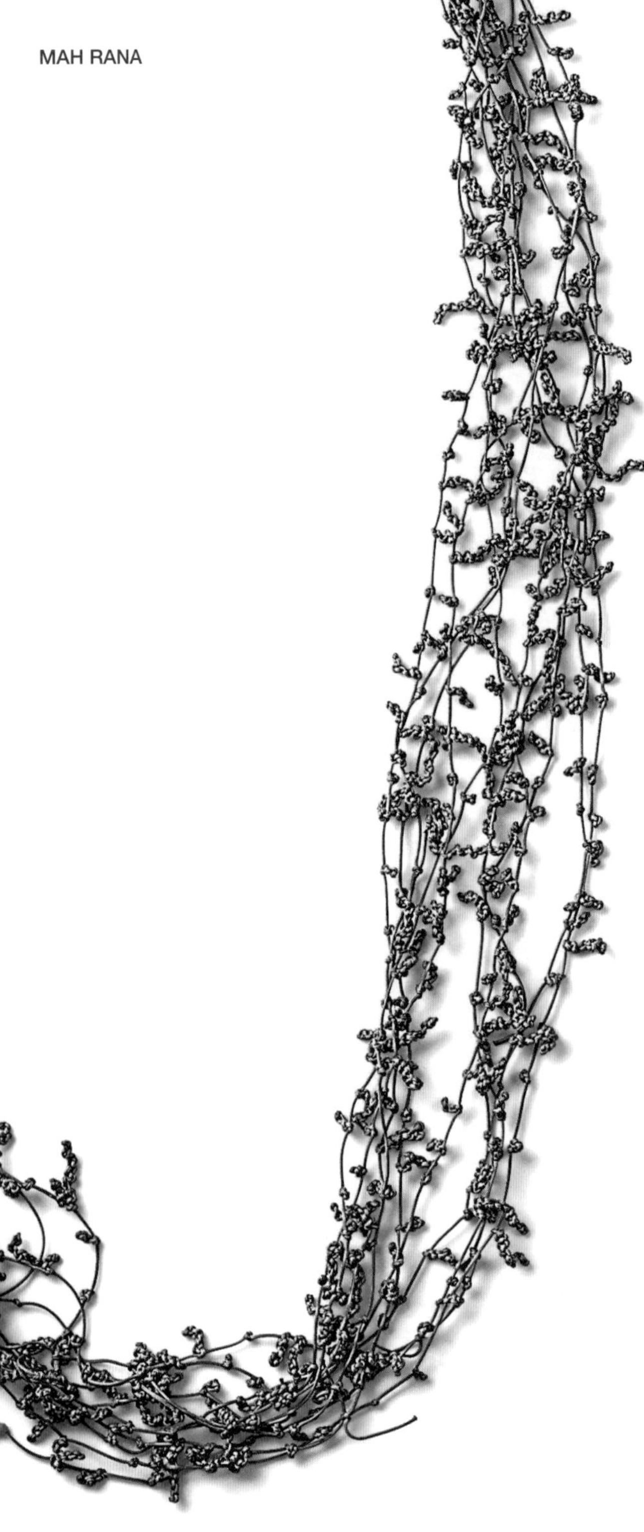

Pour citer Elmore Leonard énonçant les règles d'écriture du scénario : « Restez sobre et concis, soyez persuadé qu'une œuvre tire sa force des paroles et des actions, pas d'une flopée d'adjectifs ou de grands déballages d'émotions. »

Quoting Elmore Leonard talking about rules of good script writing "keep it lean and spare, have faith that impact of the piece comes from speech and action, not from a lot of adjectives or florid displays of emotion."

1964, GB

Formation education • 1987–89 Royal College of Art, London / David Watkins, Michael Rowe, Elisabeth Holder, Jacqueline Mina, Kevin Coates

Enseignement teaching • Sir John Cass Faculty of Art, London

Toknot / collier neckpiece / 2002 / 100 mètres de corde polyester 100 meters polyester cord

David Watkins [...] offrait à ses étudiants l'accès aux praticiens les plus intéressants qu'il pouvait repérer. J'ai réellement apprécié son attitude que j'essaie de reproduire maintenant que je suis responsable de département à la Sheffield Hallam University. [...]

Il est difficile de rompre avec ceux qui nous ont appris quelque chose. Il y a un fil invisible qui nous relie dont nous sommes conscients. Ils sont dans notre vie parce que nous vivons un peu de la leur.

David Watkins [...] offered his students access to the most interesting practitioners he could identify. I really appreciated this attitude of his. I suppose I took a similar approach when I became head of a Master-degree course at Sheffield Hallam University. [...]

It is hard to break away from your teachers. There is an invisible thread that we are both aware of. They are a part of our life, because we are living out a part of theirs.

1962, CH
Formation education • 1980–84 Lübeck, Kiel, DE / Wilhelm Reindl • 1991–93 Royal College of Art, London / David Watkins, Michael Rowe, Onno Boekhoudt
Enseignement depuis teaching since • 2003 Sheffield Hallam University, GB • 2003 Zürcher Hochschule der Künste, Zürich

Rhizome / bracelet double double arm piece / 2006 / caoutchouc naturel natural rubber / 130 x 130 x 6 mm / Collection de la Confédération, mudac, Lausanne

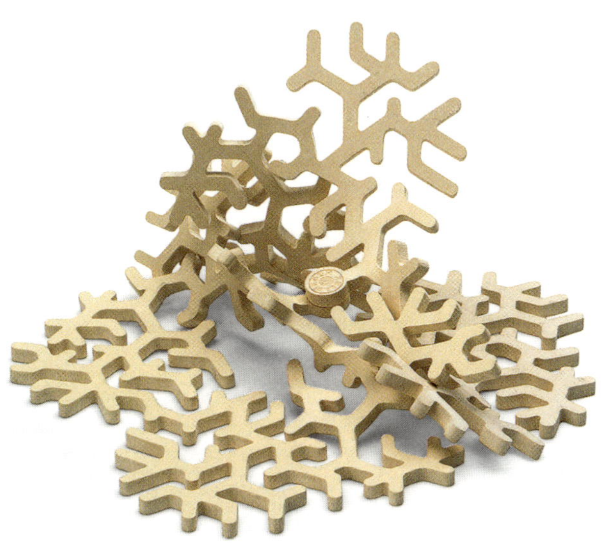

QUELQUES ÉCOLES EN EUROPE
SOME EUROPEAN SCHOOLS

Quelques écoles en Europe assurant une formation de bijoutier et de créateur en bijoux
Some schools in Europe offering training in jewellery and creative jewellery

ALLEMAGNE GERMANY
Düsseldorf
Fachhochschule Düsseldorf, Fachbereich Design / www.fh-duesseldorf.de
Halle
Burg Giebichenstein Hochschule für Kunst und Design / www.burg-halle.de
Hanau
Staatliche Zeichenakademie / www.zeichenakademie.com
Hildesheim
Hochschule für angewandte Wissenschaft und Kunst / www.hawk-hhg.de
Idar-Oberstein
Fachhochschule Trier / www.fh-trier.de
München
Akademie der Bildenden Künste (ADBK) Klasse für Schmuck und Gerät / www.schmuckklasse.de
Nürnberg
Akademie der Bildenden Künste / www.adbk-nuernberg.de
Pforzheim
Hochschule Pforzheim, Fakultät für Gestaltung / www.gestaltung.hs-pforzheim.de
Schwäbisch Gmünd
Fachschule für Gestaltung, Schmuck und Gerät (FWSG) / www.gs-gd.de/127.php

ESPAGNE SPAIN
Barcelona
Escola Massana / www.escolamassana.es

ESTONIE ESTONIA
Tallinn
Estonian Academy of Arts / www.artun.ee

FINLANDE FINLAND
Lahti
Lahti Polytechnic Institute of Design / www.lamk.fi/engl/mi
Lappeenranta
South Carelia Polytechnic / www.scp.fi/en-FI/faculties

FRANCE
Limoges
École nationale supérieure d'art (Ensa) / www.ensa-limoges-aubusson.fr
Paris
Afedap (Association pour la formation et le développement des arts plastiques) / www.afedap-formation.com
Strasbourg
École supérieure des arts décoratifs (Esad) / www.esad-stg.org

GRANDE-BRETAGNE GREAT BRITAIN
Birmingham
Birmingham Institute of Art & Design / www.biad.uce.ac.uk
Edinburgh
Edinburgh College of Art (ECA) / www.eca.ac.uk
Glasgow
Glasgow School of Design & Art / www.gsa.ac.uk
London
Middlesex University / www.mdx.ac.uk
Royal College of Art / www.rca.ac.uk
Central Saint Martins College of Art and Design / www.csm.arts.ac.uk
Sir John Cass Metropolitan University Department of Art, Media and Design / www.londonmet.ac.uk/jcamd/
Sheffield
Sheffield Hallam University / Sheffield Institute of Art and Design / www.shu.ac.uk/art/

ITALIE ITALY
Padova
Istituto Statale d'Arte «Pietro Selvatico» / www.selvatico.padova.it
Firenze
Alchimia / www.alchimia.it
Le Arti Orafe / www.artiorafe.it

PAYS-BAS THE NETHERLANDS
Amsterdam
Gerrit Rietveld Academie / www.gerritrietveldacademie.nl
Sandberg Institute / www.sandberg.nl
Schoonhoven
Vakschool Schoonhoven / www.vakschoolschoonhoven.nl

PORTUGAL
Lisboa
Ar.Co, Centro de Arte e Comunicação Visual / www.arco.pt
Senhora da Hora (Porto)
Escola Superior de Artes e Design / www.esad.pt

SUÈDE SWEDEN
Göteborg
School of Design and Crafts, Göteborg University (HDK) / www.hdk.gu.se
Stockholm
Ädellab, Konstfack / www.konstfack.se

SUISSE SWITZERLAND
Genève
École des arts appliqués (EAA) / www.geneve.ch/eaa/
Haute école d'art et de design (HEAD), orientation Design Bijou / www.hesge.ch/head
La Chaux-de-Fonds
École d'arts appliqués / www.cifom.ch

Pas si loin not so far

ISRAËL
Jérusalem
The Bezalel Academy of Arts and Design / www.bezalel.ac.il/en/

CRÉDITS PHOTOGRAPHIQUES
PHOTO CREDITS

Les travaux de • ont été photographiés en noir et blanc par
The works of • were photographed in black and white by

Christian Balmer • Manon Preti / CEPV
Peter Bauhuis • Theresia Broell, Caroline Feder / CEPV
Iris Bodemer • Berenice Mercier / CEPV
Johanna Dahm • Tamara Widmer / CEPV
Rian de Jong • Gaëlle Brégeon / CEPV
Aurélie Dellasanta • Rosa Da Silva / CEPV
Noémie Doge • Anthony Butticaz / CEPV
Xavier Domènech • Vlora Imeri / CEPV
Iris Eichenberg • Aline Castella, Alice Lorenzetti, Julianne Rédersdorff / CEPV
Karl Fritsch • Julianne Rédersdorff / CEPV
Adam Grinovich • Arya Dil / CEPV
Andi Gut • Constanza Theiler / CEPV
Masako Hamaguchi • Anthony Brown / CEPV
Sophie Hanagarth • Christophe Press / CEPV
Beate Klockmann • Cécile Magnenat / CEPV
Otto Künzli • Claudio Artieda / CEPV
Stefano Marchetti • Nina Fischer / CEPV
Maria Militsi • Maria Militsi
Marc Monzó • Magali Schnyder / CEPV
Sonia Morel • Sarah Jaquemet / CEPV
Eija Mustonen • Maxime Rossier / CEPV
Ruudt Peters • Sabrina Biro, Sabrina Tschanz, Yannic Bartolozzi / CEPV
Annelies Planteijdt • Marion Savoy, Caroline Feder, Florine Keller / CEPV
Karen Pontoppidan • Cédric Streuli / CEPV
Dorothea Prühl • Michaël Ottenwaelter, Stéphanie Steffen, Hadrien Poncet / CEPV
Mah Rana • Michael Fent / CEPV
Lucy Sarneel • Marie Schaerer / CEPV
Fabrice Schaefer • Alexis Frederick / CEPV
Ilona Schwippel • Alice Lorenzetti / CEPV
Bettina Speckner • Pauline Aellen / CEPV
Claudia Stebler • Marwan Bassiouni, Alizé Hafner, Michael Fent / CEPV
Tarja Tuupanen • Simon Gilliard / CEPV
Julie Usel • Raphaël Piguet / CEPV
Graziano Visintin • Maxime Becker, Marwan Bassiouni, Raphaël Piguet / CEPV
Luzia Vogt • Sabrina Tschanz / CEPV
Christoph Zellweger • Theresia Broell / CEPV

Les travaux de • ont été photographiés en couleur par
The works of • were photographed in colour by

Christian Balmer • Mathieu Wenger / CEPV
Peter Bauhuis • Maxime Rossier / CEPV
Doris Betz • Marie Schaerer / CEPV
David Bielander • David Bielander
Iris Bodemer • Anna Meschiari, Marie Schaerer / CEPV
Onno Boekhoudt • Blaise Glauser / CEPV
Sophie Bouduban • Pauline Aellen / CEPV
Brune Boyer Pellerej • Nina Fischer / CEPV
Esther Brinkmann • Alice Lorenzetti / CEPV
Caroline Broadhead • Arnaud Conne / musées lausannois
Julie Cook • Julianne Rédersdorff / CEPV
Johanna Dahm • Christophe Press / CEPV
Rian de Jong • Julie Varcin, Christophe Press / CEPV
Aurélie Dellasanta • Magali Schnyder / CEPV
Bettina Dittlmann • Sabrina Biro / CEPV
Noémie Doge • Heidi Corpataux / CEPV
Xavier Domènech • Arnaud Conne / musées lausannois
Gemma Draper • Arnaud Conne / musées lausannois
Iris Eichenberg • Caroline Feder / CEPV
Cristina Filipe • Arnaud Conne / musées lausannois
Felix Flury • Arnaud Meylan / CEPV
Karl Fritsch • Thierry Gauthey / CEPV
Madeleine Furness • Felipe Borges / CEPV
Sónia Graça • Arnaud Conne / musées lausannois
Joanne Grimonprez • Maxime Becker / CEPV
Adam Grinovich • Pierre Germond / CEPV
Andi Gut • Arya Dil / CEPV
Masako Hamaguchi • Natacha Girard / CEPV
Sophie Hanagarth • Natacha Girard / CEPV
Beate Klockmann • Alizé Hafner / CEPV
Otto Künzli • Anthony Butticaz / CEPV
Stefano Marchetti • Selin Bourquin / CEPV
Maria Militsi • Maria Militsi
Marc Monzó • Aline Castella / CEPV
Sonia Morel • Pierre Germond / CEPV
Eija Mustonen • Marie Bergé /CEPV
Nathalie Perret • Marion Savoy / CEPV
Ruudt Peters • Romain Berger / CEPV
Annelies Planteijdt • Jessica Jurenak / CEPV
Karen Pontoppidan • Hadrien Poncet / CEPV
Dorothea Prühl • Anthony Brown / CEPV
Ramon Puig Cuyas • Manon Pretti / CEPV
Mah Rana • Felipe Borges, Manon Pretti / CEPV
Michael Rowe • Arnaud Conne / musées lausannois
Lucy Sarneel • Yannic Bartolozzi / CEPV
Fabrice Schaefer • Mathieu Bouvier / CEPV
Ilona Schwippel • Anna Meschiari / CEPV
Bettina Speckner • Theresia Broell / CEPV
Claudia Stebler • Romain Berger, Heidi Corpataux / CEPV
Nelli Tanner • Florine Keller / CEPV
Tarja Tuupanen • Anthony Brown, Cédric Streuli / CEPV
Julie Usel • Jessica Jurenak / CEPV
Graziano Visintin • Raphaël Piguet / CEPV
Luzia Vogt • Claudio Artieda / CEPV
Julia Walter • Natacha Girard / CEPV
David Watkins • David Watkins
Andrea Wippermann • Helga Schulze-Brinkop
Christoph Zellweger • Julie Varcin / CEPV

BIBLIOGRAPHIE SÉLECTIVE
SELECT BIBLIOGRAPHY

GÉNÉRALITÉS GENERAL WORKS

Marie Alamir, Carole Guinard, *Parures d'ailleurs, parures d'ici : incidences, coïncidences ?* Mudac, Lausanne, du 4 novembre 2000 au 25 février 2001; Lausanne, Imprimeries Réunies, 2000.

Antonio Altarriba, Eija Mustonen, *Koru I, International Contemporary Jewellery Exhibition*, South Karelia Museum, Lappeenranta, 15 June – 28 September 2003 ; Lappeenranta, South Karelia Museum, 2003.

Marguerite de Cerval (dir.), *Dictionnaire international du bijou*, Paris, Éditions du regard, 1998.

Helen W. Drutt English, Peter Dormer, *Jewelry of our Time: Art, Ornament and Obsession*, London, Thames and Hudson, 1995.

Graziella Folchini Grassetto, *Contemporary Jewellery: The Padua School/Gioielleria Contemporanea : La Scuola di Padova*, Stuttgart, Arnoldsche, 2005.

Amanda Game, Elizabeth Goring, *Jewellery moves: Ornament for the 21st Century*, Edinburgh, National Museum of Scotland, 1998.

Mònica Gaspar, *Luxe Interior: Joieria Contemporania Internacional*, Barcelona, Fundació la Caixa, 2003.

Elisabeth Holder, *Choice, Zeitgenössische Schmuckkunst aus Deutschland: Ein Lesebuch/Contemporary Jewellery from Germany: A Reader*, Museum of Arts and Craft, Itami, 30 August – 19 September 2005 ; Düsseldorf, Fachhochschule, 2005.

Joyaux d'Espagne, bijou contemporain, Espace Solidor, Cagnes-sur-Mer, 1er juin-15 septembre 2002 ; Cagnes-sur-Mer, Espace Solidor, 2002.

Otto Künzli, Walter Grasskamp, *Amsterdam-München-Amsterdam-Tokyo: Tokyo-Amsterdam-Tokyo-München-München*, Galerie für angewandte Kunst München, 20 June – 19 July 1997 ; München, Bayerischer Kunstgewerbe-Verein, 1997.

Renate Luckner-Bien (dir.), Marie-José van den Hout, *Collection, Feldversuch: Klasse Dorothea Prühl, Class Dorothea Prühl*, Nijmegen, Marzee Edition, 2004.

Andrea Richter (dir.), *Schmuck: Burg Giebichenstein: 1970-1992*, Grassimuseum Museum des Kunsthandwerks, Leipzig, 13. Dezember 1992 – 28. Februar 1993; Stuttgart, Arnoldsche, 1993.

Amy Sackville (dir.), *New Directions in Jewellery II*, London, Black Dog Publishing, 2006.

Schmuck 2004, 2005, 2006, 2007, München, Bayerischer Handwerkstag, 2004, 2005, 2006, 2007.

Fabienne Xavière Sturm, Esther Brinkmann, *Le Bijou en Suisse au xxe siècle/Art jewellery in Switzerland in the 20th Century/Schweizer Schmuck im 20. Jahrhundert/Gioielli d'arte in Svizzera nel 20° secolo*, musée d'Art et d'Histoire, Genève, 23 mai-22 septembre 2002 ; Lausanne, Bibliothèque des arts, 2002.

SITES INTERNET WEBSITES

www.klimt02.net
www.thinktank04.eu

MONOGRAPHIES MONOGRAPHS

• **Peter Bauhuis**
Mònica Gaspar, Felix Flury, *Peter Bauhuis: Schmuck und Gefäss; Jewellery and Vessel,* galerie S O, Solothurn, 4. September – 3. Oktober 2004; Solothurn, galerie S O, 2004.

• **Onno Boekhoudt**
Evans James, «Onno Boekhoudt», in *Kunsthåndverk*, n° 58, 3/1995, p. 30-37.
«Onno Boekhoudt 1994-2002», *Marzee Magazine* n° 28, October-December 2002.
David Watkins, Koos van Zomeren, Reyn van der Lugt, *Onno Boekhoudt: Why not Jewellery?* Groningen, Groninger Museum, 1997.

• **Esther Brinkmann**
Esther Brinkmann, Plaisirs renouvelables, prix Brunschwig pour les Arts appliqués, musée de l'Horlogerie et de l'Émaillerie, Genève, 17 novembre 2000-15 janvier 2001; Genève, musée de l'Horlogerie et de l'Émaillerie, 2001.

• **Caroline Broadhead**
John Huston, *Caroline Broadhead: Jewellery in Studio*, London, Bellew Publishing, 1990.

• **Johanna Dahm**
Johanna Dahm, Bettina Schönfelder, *Johanna Dahm: Schmuck*, Zürich, 1996.

• **Cristina Filipe**
Katalin Aknai, *Cristina Filipe: Faith (a Chain of Rings that Belong to Her)*, Assirio & Alvim Gallery in Lisbon, May 2003; Lisbon, 2003.

• **Karl Fritsch**
Robert Baines, Gerd Rothmann, Hilke Gesine Möller, *Karl Fritsch: Schmuck; The Jewelry of Karl Fritsch*, Amsterdam, Book Publisher, 2001.
Andy Lim (dir.), *Karl Fritsch: "Metrosideros Robusta"*, Cologne, Darling Publications, 2006.

• **Sophie Hanagarth**
Esther Brinkmann, Dominique Paquet, Michel Azous, *Broches, pendentif, colliers, bague, sautoir. Bijoux Sophie Hanagarth*, Paris, 2000.

• **Rian de Jong**
Rian de Jong Wanderungen, Galerie V & V, Wien, 15. September – 16. Oktober 2005; Galerie Spektrum, München, 20. Oktober – 19. November 2005; München, Galerie Spektrum, 2005.

• **Otto Künzli**
Katalin Aknai, *Otto Künzli: Oh, say!* Ezra and Cécile Zilkha Gallery, Center for the Arts, Wesleyan University, Middletown, 5 May – 7 June 1992; Middletown, Zilkha Gallery, 1992.
Kollektion Künzli 1983, Tapetenbroschen von Otto Künzli, Deutsches Tapetenmuseum Kassel, 30. Juni – 28. August 1983; Kassel, Deutsches Tapetenmuseum, 1983.

• **Sonia Morel**
Esther Brinkmann, Marie Alamir, Thierry Zufferey, *Sonia Morel: Bijoux/Sonia Morel: Jewels*, Lausanne, 2005.

• **Ruudt Peters**
Jorunn Veiteberg, *Sefiroth, Ruudt Peters*, Nijmegen, Marzee Edition, 2006.

• **Karen Pontoppidan**
Karen Pontoppidan, Schöne Aussichten, Galerie Spektrum, München, 8. September – 14. Oktober 2000; München, Galerie Spektrum, 2000.

• **Dorothea Prühl**
Renate Luckner-Bien (dir.), *13 colliers: Schmuck von Dorothea Prühl; 13 Necklaces: Jewellery by Dorothea Prühl*, Nijmegen, Marzee Edition, 2000.
Katja Schneider (dir.), *Werkverzeichnis Schmuck von Dorothea Prühl*, Halle an der Saale, Stiftung Moritzburg Kunstmuseum des Landes Sachsen-Anhalt, 2004.

• **Mah Rana**
Jewellery is Life, Mah Rana, Fabrica, Brighton, 7 September – 20 October 2002; Brighton, Fabrica, 2002.

• **David Watkins**
Barbara Cartlidge, Mònica Gaspar, David Watkins, *David Watkins: Encounters: Jewellery, 1997 – 2003*, Barcelona, Sd edicions, 2004.

REMERCIEMENTS

L'exposition *De main à main* offre à voir les travaux de cinquante-huit créateurs de bijoux de neuf pays européens. Cette présentation n'aurait pas pu aboutir sans l'aide d'Ann-Fabienne Renggli Carnal, qui s'est chargée des recherches préalables, de Mònica Gaspar et de Liesbeth den Besten qui, audelà de leur contribution au catalogue par leurs textes, m'ont aidée dans mes choix et mes réflexions par leurs remarques pertinentes. Je tiens à dire ma gratitude :

aux créateurs qui nous ont confié leurs bijoux et qui ont accepté de répondre à l'interview que je leur avais soumise, dont sont extraites les phrases qui accompagnent leurs travaux. J'ai pu déceler dans leurs réponses l'attention qu'ils y ont apportée ;

à la Galerie für Schmuck Beatrice Lang à Berne, à la galerie SO à Soleure, à la galerie Marzee à Nijmegen, au Musée national suisse de Zurich, au Coda Museum à Apeldoorn, aux Pays-Bas, qui ont accepté de prêter certaines œuvres de leurs collections ;

à Christian Rossier, Thierry Gauthey, Virginie Otth, Daniel Baudraz, Pierre Germond et à leurs élèves de l'École de photographie de Vevey pour la plupart des images qui paraissent ici. Ils l'ont fait avec enthousiasme et curiosité ;

à Olivier Laffely et Arnaud Conne, de l'atelier de numérisation des musées lausannois, pour certaines prises de vues et leur disponibilité lors des tirages photographiques ;

à Fabrice Schaefer, responsable de la section bijou/objet à la Haute école d'art et de design de Genève et à Christian Balmer, de la galerie viceversa de Lausanne, pour l'organisation d'événements parallèles à cette exposition ;

aux amis et aux collègues qui ont relu, discuté, critiqué, traduit, suggéré, réconforté, à Mavis et à Alain, Léa et Maud qui ont supporté mes états d'âme ;

à l'équipe du mudac : à la direction, Chantal Prod'Hom pour son soutien constant ; à la conservation, Claire Favre Maxwell, Susanne Hilpert Stuber, Bettina Tschumi ; à l'administration, Martine Magnin et au secrétariat, Caroline Orlandi ; à la régie, Michèle Bell ; à la bibliothèque, Christiane Mercier ; à l'accueil et à la boutique, Christiane Vemba et Marie-Laure Schweighofer ; au site Internet, Pedro Vemba ; à la technique et à la solution de mille problèmes d'accrochage, Dominique Binda, Frank Baumgartner et David Burnier.

CAROLE GUINARD, COMMISSAIRE DE L'EXPOSITION

L'EXPOSITION ET LE CATALOGUE ONT BÉNÉFICIÉ DU GÉNÉREUX SOUTIEN DE LA BANQUE CANTONALE VAUDOISE (BCV), LA FONDATION DE FAMILLE SANDOZ, LA SOCIÉTÉ VAUDOISE DES BEAUX-ARTS (SVB-A).

THE MUDAC IS GRATEFUL TO THE BANQUE CANTONALE VAUDOISE (BCV), THE FONDATION DE FAMILLE SANDOZ AND THE SOCIÉTÉ VAUDOISE DES BEAUX-ARTS (SVB-A) FOR THEIR GENEROUS SUPPORT OF THE EXHIBITION AND THE CATALOGUE.

ACKNOWLEDGEMENTS

The exhibition *From Hand to Hand* presents the work of 58 jewellery creators from nine European nations. This presentation could not have been achieved without the help of Ann-Fabienne Renggli Carnal, who took care of the prior research, of Mònica Gaspar and Liesbeth den Besten, who—besides contributing texts to the catalogue—sent along pertinent advice, which also helped my thinking and my choices.

I wish to extend my grateful thanks to:

the creators who entrusted their jewels to us and replied to my queries, from which I took the quotes shown beside their work. Reading between the lines, I appreciated how much thoughtful care they had given to this task;

the Beatrice Lang Galerie für Schmuck in Bern, galerie S O in Solothurn, galerie Marzee in Nijmegen, NL, to the Swiss National Museum in Zurich, the CODA Museum in Apeldoorn, NL, who agreed to lend pieces from their collections;

Christian Rossier, Thierry Gauthey, Virginie Otth, Daniel Baudraz, Pierre Germond, and their students of Vevey's École de photographie, for most of the pictures shown here. They went about it with enthusiasm and curiosity;

Olivier Laffely and Arnaud Conne of Lausanne's digital photography studios for certain special shots and their help in printing the images;

Fabrice Schaefer, responsible for the Jewellery and Object section at Geneva's Haute école d'art et de design, and to Christian Balmer of Lausanne's galerie viceversa for setting up parallel events to this exhibit;

friends and colleagues who read, discussed, criticised, translated, suggested, and comforted, to Mavis as well as to Alain, Léa, and Maud, who put up with my changing moods;

the mudac team: director, Chantal Prod'Hom for her unfailing support; curators, Claire Favre Maxwell, Susanne Hilpert Stuber, Bettina Tschumi; administrator, Martine Magnin and secretary, Caroline Orlandi; museum registrar, Michèle Bell; librarian, Christiane Mercier; reception and shop, Christiane Vemba and Marie-Laure Schweighofer; webmaster, Pedro Vemba; technicians, Dominique Binda, Frank Baumgartner and David Burnier.

CAROLE GUINARD, EXHIBITION CURATOR

SOUTIEN

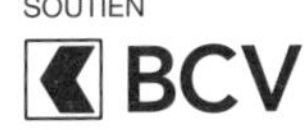

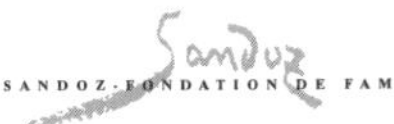

PARTENAIRES

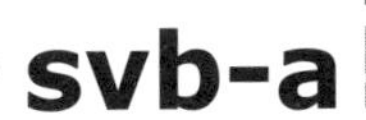

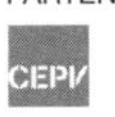

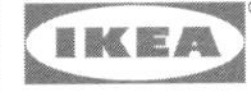

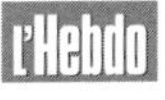

IMPRESSUM

Ce livre paraît à l'occasion de l'exposition «De main à main, apprendre et transmettre dans le bijou contemporain européen», présentée du 2 juillet au 5 octobre 2008 au mudac à Lausanne.
This book is published on the occasion of the exhibition *From Hand to Hand, passing on Skill and Know-How in European Contemporary Jewellery*, presented from July 2nd to October 5th 2008 at the mudac in Lausanne.

Exposition et catalogue conçus par concept of the exhibition and catalogue
Carole Guinard, commissaire curator, mudac
Chantal Prod'Hom, directrice du director of mudac
avec l'aide de with the help of Ann-Fabienne Renggli Carnal

Textes texts
Mònica Gaspar, Zurich
Liesbeth den Besten, Amstelveen, NL

Relecture des textes anglais proof-reading of English texts
John Maxwell, Vulliens, CH

Traduction translation
Anglais-français: Jeanne Bouniort, Paris
French-English: Mavis Guinard, Buchillon, CH

Graphisme graphic design
atelierk, Alain Kissling, Lausanne / www.atelierk.org
avec la collaboration de with the collaboration of Letizia Locher

mudac – musée de design et d'arts appliqués contemporains
Place de la Cathédrale 6, CH-1005 Lausanne
T. +41 21 315 25 30 F. +41 21 315 25 39
info@mudac.ch / www.mudac.ch

Pour for 5 Continents Editions
Suivi éditorial editorial coordination: Laura Maggioni
Secrétariat de rédaction pour la langue française: Raphaëlle Roux-Zennaro
English language editing: Andrew Ellis
www.fivecontinentseditions.com

Photolitho photolithography: Pixel Studio, Milan
Imprimé en Italie par printed in Italy by: Leva Arti Grafiche, Sesto San Giovanni, Milan

Papier paper Munken Lynx 130 g/m², 240 g/m² et and Garda Gloss 115 g/m²
Polices de caractères fonts Helvetica Neue

Dépôt légal: juin 2008

ISBN
mudac: 978-2-88244-016-7
5 Continents Editions: 978-88-7439-460-9